パターンで攻略！ 中学英語「1秒」レッスン

清水 建二

成美文庫

はじめに

　本書はおもに、英語を学び直したいと思っている読者に向けて書きました。
「だからと言って中学英語にまで戻らなくても……」
　そんな声も聞こえてきそうですが、**基本をきちんと押さえることが英語習得への近道**です。初歩的な文法知識があやふやなまま高度な学習に取り組んでもなかなか上達は望めませんし、途中で嫌になって挫折してしまうこともあるでしょう。

　この小さな本には、知っておきたい英語の基本がぎっしりと詰まっています。しかし、ひととおり中学レベルの文法を学んで終わり、という本ではありません。
　解説を読んだあとに行う**「パターン練習」**が、中学英語を"使える英語"へと変えていくのです。

　パターン練習とは、日本語を見て**「1秒」**で英語が出てくることを目標にしたトレーニングです。同じ型の英文をくり返し思い浮かべたり口に出したりすることで、体にしみこませるように英語を覚えていきます。

　こうして覚えた英語は記憶に定着しやすく、よく聴い

た曲の歌詞のように何年たっても忘れません。
　単語も、無味乾燥に綴りと意味だけを覚えるのではなく、実際の英文の中でどう使われるのかを確認しながら、生きた表現としてたくさん身につけることができます。

　もともとパターン練習は、やさしい英語を使って一人でできる英会話のトレーニングメソッドとして開発されました。日頃から「1秒」で英語が出てくる練習をしておけば、いざ英語を話さなければならないときに必ず役立ちます。
　なお、同じ成美文庫から『毎日つぶやく英会話「1秒」レッスン』という拙著が出ていますので、英会話をもっと学びたい方はそちらもぜひご覧ください。

　英語学習は Practice makes perfect.（練習が完璧をもたらす）、つまり**「習うより慣れよ」**です。
　1回数分でもいいので、ぜひ練習を続けてみてください。小さくて軽い本ですから、どこにでも持ち運べ、いつでも開いて学習できます。
　本書が、英語学習の再スタートを切ろうとしているみなさんの、よきパートナーになることを願っています。

　　　　　　　　　　　　　　　　　　　　清水建二

目次

はじめに……… 3
本書の使い方……… 13

押さえておきたい基本事項……… 14

| Lesson 1 | 主語が「人」+ be 動詞 …………………………… 20 |

- パターン練習❶ I'm ～. 私は～です。 ……………………………… 22
- パターン練習❷ He's/She's ～. 彼は／彼女は～です。 ……………… 22
- パターン練習❸ You're ～. あなたは～ですね。 …………………… 24
- パターン練習❹ We're/They're ～. 私たちは／彼らは～です。 …… 24

| Lesson 2 | 「人 + be 動詞」の疑問文と否定文 …………… 26 |

- パターン練習❶ Are you ～? ～ですか。 ……………………………… 28
- パターン練習❷ I'm not ～. 私は～ではありません。 ……………… 28
- パターン練習❸ Is she your ～? 彼女はあなたの～ですか。 ……… 30
- パターン練習❹ He's not ～. 彼は～ではありません。 …………… 30

| Lesson 3 | This/That is ～.の使い方 …………………… 32 |

- パターン練習❶ This is ～. これ(ここ)は～です。 …………………… 34
- パターン練習❷ This ～ is …. この～は…です。 …………………… 34
- パターン練習❸ That is ～. あれは～です。 ………………………… 36
- パターン練習❹ That's ～. それは～ですね。 ……………………… 36

| Lesson 4 | This is ～.の疑問文と否定文 ……………… 38 |

- パターン練習❶ Is this ～? これ(ここ)は～ですか。 ………………… 40
- パターン練習❷ Is this ～ …? この～は…ですか。 ………………… 40
- パターン練習❸ This (…) is not ～. これ(この…)は～ではありません。
  …………………………………………………………………………… 42
- パターン練習❹ Isn't this (…) ～? これ(この…)、～じゃない？ …… 42

| Lesson 5 | 一般動詞（他動詞と自動詞）……………………… 44 |

- パターン練習❶ I ～ …. 私は…を～します。 ………………………… 46
- パターン練習❷ I ～ every day. 私は毎日、～します。 …………… 46

Lesson 6	**一般動詞の疑問文と否定文**	48

- パターン練習 1 Do you ~? ~しますか。 ……………………………………… 50
- パターン練習 2 I don't ~. ~しません。 ………………………………………… 50

Lesson 7	**三人称単数現在形**	52

- パターン練習 1 She ~(e)s. 彼女は~します。 …………………………………… 54
- パターン練習 2 He ~(e)s. 彼は~します。 ……………………………………… 54

Lesson 8	**一般動詞とbe動詞の過去形**	56

- パターン練習 1 I ~ed. ~しました。 ……………………………………………… 58
- パターン練習 2 I ~ed. ~しました。 ……………………………………………… 58
- パターン練習 3 I was ~. ~でした。 ……………………………………………… 60
- パターン練習 4 We were ~. 私たちは~でした。 ………………………………… 60

Lesson 9	**過去形の疑問文と否定文**	62

- パターン練習 1 Did you ~? ~した? ……………………………………………… 64
- パターン練習 2 I didn't ~. ~しなかった。 ……………………………………… 64
- パターン練習 3 Were you ~? ~でしたか。 ……………………………………… 66
- パターン練習 4 I wasn't ~ then. そのとき~ではなかった。 ………………… 66

Lesson 10	**現在進行形と過去進行形**	68

- パターン練習 1 I'm ~ing now. 今、~しているところです。 ………………… 70
- パターン練習 2 Are you ~ing? ~していますか。 ……………………………… 70

Lesson 11	**There is 構文**	72

- パターン練習 1 There's a/an ~ near here. この近くに~があります。
  …………………………………………………………………………………… 74
- パターン練習 2 Is there a ~ around here? この辺に~はありますか。
  …………………………………………………………………………………… 74

Lesson 12	**whereを使った疑問文**	76

- パターン練習 1 Where is the ~? ~はどこですか。 …………………………… 78
- パターン練習 2 Where did you ~? どこで~しましたか。 …………………… 78

| Lesson 13 | **whenを使った疑問文** | 80 |

- パターン練習❶ When is ~? ~はいつですか。 ················ 82
- パターン練習❷ When did you ~? ~したのはいつですか。 ·········· 82
- パターン練習❸ What time did you ~? 何時に~しましたか。 ······ 84
- パターン練習❹ When are you ~ing いつ~する予定ですか。 ······ 84

| Lesson 14 | **whatを使った疑問文** | 86 |

- パターン練習❶ What's your favorite ~? 好きな~は何ですか。 ····· 88
- パターン練習❷ What kind of ~ do you …?
  どんな(種類の)~を…しますか。 ························· 88
- パターン練習❸ What are you ~ing? 何を~しているのですか。 ······ 90
- パターン練習❹ What are you ~ing+前置詞? 何を~しているのですか。
  ··· 90

| Lesson 15 | **whoを使った疑問文** | 92 |

- パターン練習❶ Who is your ~? (あなたの)~は誰ですか。 ·········· 94
- パターン練習❷ Whose ~(複数形の名詞) are these?
  これは誰の~ですか。 ································· 94

| Lesson 16 | **howを使った疑問文** | 96 |

- パターン練習❶ How was your ~? (あなたの)~はどうだった? ······ 98
- パターン練習❷ How do you ~? どのように~しますか。 ············ 98
- パターン練習❸ How did you ~? どうやって~したの? ············· 100
- パターン練習❹ How ~ is this …? この…は何~(どれくらいの~)ですか。
  ··· 100

| Lesson 17 | **whyを使った疑問文** | 102 |

- パターン練習❶ Why are you so ~? なぜそんなに~なの? ·········· 104
- パターン練習❷ Why are you ~ing? なぜ~してるの? ············· 104

| Lesson 18 | **時間や天気を表すit** | 106 |

- パターン練習❶ It's ~. ~時です。 ························· 108
- パターン練習❷ It's ~. 今日は~です。 ······················ 108

Lesson 19	**howとwhatで感嘆文**	110
パターン練習❶	How ~ … is! …はなんて~なのでしょう！	112
パターン練習❷	What a ~ …! なんて~な…！	112

Lesson 20	**「命令」にも「依頼」にもなる命令文**	114
パターン練習❶	Please ~. ~してください。	116
パターン練習❷	Don't ~. ~しないで。	116

Lesson 21	**「可能」の助動詞 can**	118
パターン練習❶	I can't ~. ~できません。	120
パターン練習❷	Can I ~? ~してもいいですか。	120
パターン練習❸	Can you ~? ~できますか。	122
パターン練習❹	Can you ~? ~してくれますか。	122

Lesson 22	**mustとhave to**	124
パターン練習❶	I must ~. ~しなくては。	126
パターン練習❷	You don't have to ~. ~する必要はありません。	126

Lesson 23	**「前もって決めた意思」の be going to**	128
パターン練習❶	I'm going to ~. ~するつもりです。	130
パターン練習❷	It's going to be ~. ~になりそうです。	130

Lesson 24	**「その場の意思」の will**	132
パターン練習❶	I'll ~. ~します。	134
パターン練習❷	Will you ~? ~してくれる？	134

Lesson 25	**mayとshould**	136
パターン練習❶	May I ~? ~してもよろしいでしょうか。	138
パターン練習❷	You should ~. ~したほうがいいですよ。	138

Lesson 26	**接続詞の that**	140
パターン練習❶	I think he's ~. 彼は~だと思います。	142
パターン練習❷	I'm sorry I ~. ~してごめんなさい。	142

Lesson 27	「時」「条件」「理由」の接続詞	144
パターン練習 1	When I was 〜, I …. 〜の頃、…した。	146
パターン練習 2	I was 〜ing (…) when you called. 電話をくれたとき、(私は)〜していました。	146
パターン練習 3	If you are 〜, you can …. もし〜なら…してもいいよ。	148
パターン練習 4	I can't 〜 because I'm …. …なので〜できません。	148

Lesson 28	to不定詞の名詞的用法	150
パターン練習 1	I want to 〜. 〜したい。	152
パターン練習 2	Do you want to 〜? 〜しない?	152
パターン練習 3	My dream is to 〜. 私の夢は〜することです。	154
パターン練習 4	It is 〜 to …. …するのは〜です。	154

Lesson 29	to不定詞の副詞的用法	156
パターン練習 1	He saved money to 〜. 彼は〜するために貯金した。	158
パターン練習 2	I was 〜 to hear the news. その知らせを聞いて〜だった。	158
パターン練習 3	She was kind enough to 〜. 彼女は親切にも〜してくれた。	160
パターン練習 4	I'm too 〜 to …. 〜すぎて…できない。	160

Lesson 30	to不定詞の形容詞的用法	162
パターン練習 1	I have a dream to be a 〜. 私には〜になる夢がある。	164
パターン練習 2	It's time to 〜. 〜する時間です。	164

Lesson 31	to不定詞の応用	166
パターン練習 1	Please show me how to 〜. 〜の仕方を教えてください。	168

パターン練習 2	I don't know what/where to ~.
	何を／どこで～したらいいかわかりません。 ……………… 168
パターン練習 3	I want you to ~. （あなたに）～してほしい。 ………… 170
パターン練習 4	Tell him to ~. ～するように彼に言って。 …………… 170

Lesson 32　使役動詞のletとmake …………………… 172

パターン練習 1	Let me ~. ～させてください。 …………………………… 174
パターン練習 2	What made you ~? どうして～したのですか。 …… 174

Lesson 33　「～すること」を意味する動名詞 ………… 176

パターン練習 1	My hobby is ~ing. 私の趣味は～することです。 …… 178
パターン練習 2	Thank you for ~ing. ～してくれてありがとう。 …… 178

Lesson 34　「完了」を表す現在完了 …………………… 180

パターン練習 1	I've ~. ～してしまった（～した）。 ……………………… 182
パターン練習 2	I've just ~. ～したところです。 ………………………… 182

Lesson 35　「経験」を表す現在完了 …………………… 184

パターン練習 1	Have you ever ~? ～したことがありますか。 ……… 186
パターン練習 2	I've never ~. ～したことが一度もありません。 …… 186

Lesson 36　「継続」を表す現在完了 …………………… 188

パターン練習 1	I've ~ for/since …. …間／…から～しています。 … 190
パターン練習 2	I haven't ~ since/for …. …から／…間～していません。
	……………………………………………………………………… 190
パターン練習 3	How long have you ~?
	～してからどれくらいになりますか。 ………………………… 192
パターン練習 4	How long have you been ~ing?
	どれくらい～しているのですか。 ……………………………… 192

Lesson 37　受動態の使い方 ……………………………… 194

パターン練習 1	~ is spoken in …. …では～語が話されています。 … 196
パターン練習 2	This ~ was …. この～は…されました。 ……………… 196

Lesson 38	**名詞を修飾する現在分詞と過去分詞** ……… 198
パターン練習❶	Who is that girl ～ing? ～しているあの少女は誰ですか。 …………………………………………………………… 200
パターン練習❷	This is a ～ made in …. これは…製の～です。 ……… 200

Lesson 39	**比較表現の原級** ……………………………… 202
パターン練習❶	This ～ is as … as that. この～はそれと同じくらい…です。 …………………… 204
パターン練習❷	I can't ～ as well as you. あなたほど上手に～できません。 …………………… 204

Lesson 40	**比較表現の比較級** …………………………… 206
パターン練習❶	I ～ earlier/later than usual. いつもより早く／遅く～した。 ……………………… 208
パターン練習❷	This is more ～ than that. そっちよりこっちのほうが～です。 ………………… 208
パターン練習❸	Which do you like better, A or B? AとBのどちらが好きですか。 ……………………… 210
パターン練習❹	I like A better than B. BよりAが好きです。 ……… 210

Lesson 41	**比較表現の最上級** …………………………… 212
パターン練習❶	What is the ～ … in the world? 世界で一番～な…は何(どこ)ですか。 ……………… 214
パターン練習❷	What is the ～ month of the year? 1年で一番～な月はいつですか。 …………………… 214
パターン練習❸	What kind of ～ do you like best? どんな種類の～が一番好きですか。 ………………… 216
パターン練習❹	I like ～ the best. ～が一番好きです。 …………… 216

Lesson 42	**関係代名詞whoとthat** ……………………… 218
パターン練習❶	I have a friend who ～. ～である友人がいます。 …… 220
パターン練習❷	The boy who is ～ing … is my son. …を～している少年は私の息子です。 ……………… 220

| Lesson 43 | 関係代名詞whichとthat | 222 |

- パターン練習❶ **This is a book that ~.** これは~した(している)本です。 …… 224
- パターン練習❷ **This is a ~ which ….** これは…である~です。 …… 224
- パターン練習❸ **This is the ~ I ….** これは私が…する(した)~です。 …… 226
- パターン練習❹ **He is the ~ I like the best.** 彼は私が一番好きな~です。 …… 226

| Lesson 44 | 仮定法の考え方と使い方 | 228 |

- パターン練習❶ **I wish I ~.** ~だったらなあ。 …… 230
- パターン練習❷ **I wish I could ~.** ~できたらなあ。 …… 230
- パターン練習❸ **If I were you, I'd ~.** 私だったら~するでしょう。 …… 232

| Lesson 45 | 丁寧に伝える助動詞の過去形 | 234 |

- パターン練習❶ **Could you ~?** ~していただけますか。 …… 236
- パターン練習❷ **Could I ~?** ~してもよろしいでしょうか。 …… 236
- パターン練習❸ **I'd like to ~.** ~したいのですが。 …… 238
- パターン練習❹ **I'd like ~, please.** ~をお願いします。 …… 238

| Lesson 46 | 間接疑問文の作り方 | 240 |

- パターン練習❶ **Do you know +疑問詞 ~?**
  ~か知っていますか。 …… 242
- パターン練習❷ **~(疑問詞) do you think I am (…)?**
  私は~だと思いますか。 …… 242

基数と序数 …… 244
月 …… 247　　曜日 …… 247
不規則動詞活用表 …… 240

本文デザイン／松倉浩、鈴木友佳

本書の使い方

各 Lesson は、例文から文法を学ぶ**「解説」**のページと、パターン化した英文で反復練習を行う**「パターン練習」**のページで構成されています。解説を読んでからパターン練習に取り組みましょう。

〈パターン練習のやり方〉
① 一番上の枠で、練習する**英文のパターン**を確認します。
② **「英語(右ページ)→日本語(左ページ)」**の順に見て、英文の意味をつかみます。
③ **「左ページの日本語を見る→英文を思い浮かべる(または声に出す)→右ページの英語を確認」**をくり返します。「1文1秒」を目標に、「瞬間的に英語が出てくるようになった」と実感できるまで続けましょう。

パターン練習 ❶ Where is the ~?	~はどこですか。
バス停はどこですか。	Where is the bus stop?
地下鉄の駅はどこですか。	Where is the subway station?
銀行はどこですか。	Where is the bank?
スーパーはどこですか。	Where is the supermarket?
トイレはどこですか。	Where is the restroom?

Lesson 12

押さえておきたい 基本事項

　本書の目的は、中学3年間で学ぶ重要な文法項目の解説とパターン練習を通して、英語の基礎を実践的に学び直すことにあります。全体を通して、文レベルでの解説が中心であるため、名詞の複数形や代名詞、冠詞のaとtheの違いなど、名詞に関わることは章立てによる解説を割愛しました。

　名詞の複数形にはsやesを付けること、数えられる名詞が1つ（1人）のときにはaやanを付けること、特定の物や人を表すときにはtheを付けること、I（私は）―my（私の）―me（私を）―mine（私のもの）の活用形などの知識があやふやな読者の方は、以下の解説をざっと頭に入れてから本書を読み進めてください。

▷数えられる名詞

　「本（book）」や「車（car）」、「雨傘（umbrella）」

など、具体的な形を持ち、バラバラにしたらそう呼べなくなるものが「数えられる名詞」です。本が１冊なら **a book**、車が１台なら **a car** と表します。一方、umbrella（雨傘）のように母音で始まる単語は、口調の関係で a が an に変わって **an umbrella** と言います。a や an は名詞の頭に置くので「冠詞」と呼ばれます。

　数えられる名詞が２つ以上あるときは、**books**、**cars**、**umbrellas** と語尾に s を付けます。bus（バス）や peach（モモ）のように、**buses** や **peaches** と、es を付ける単語もあります。

▷不定冠詞と定冠詞

　I have **a car**.（私は車を１台持っています）の後に、「その車はドイツ製です」と続ける場合、「その車」は the car で表し、**The car** is made in Germany. と言います。冠詞の a や an はたくさんあるものの中からランダムに抽出された「１つの」という意味で、特定のものを指してはいないので、「不定冠詞」と言います。

　そして、たくさんある車の中から選びだされ、スポッ

トライトが当てられた「その車」が the car です。私が持っている車はこの世に1つしかない限定されたもの、という意味で、the を「定冠詞」と言います。この世に1つしかない「太陽」は常に **the sun** ですし、「月」や「地球」も **the moon**、**the earth** と表されます。ただし、「火星」や「水星」などの固有名詞は、1つしかないものでも、the を付けずに、Mars（火星）や Mercury（水星）とします。

▶数えられない名詞

「数えられない名詞」は「水（**water**）」「肉（**meat**）」「塩（**salt**）」など、特定の形を持たず、バラバラにしてもそれが持つ性質が変わらないものです。基本的にはそのままの形で使い、少量の水、肉、塩ならば some water、some meat、some salt などと言います。「ボトルに入っている水」は the water in the bottle、「シチューの中に入っている肉」は the meat in the stew、「テーブルの上に置いてある塩」は the salt on the table のように、特定のものに限定されるときは定冠詞の the を付けます。

「テニス (**tennis**)」、「野球 (**baseball**)」、「サッカー (**soccer**)」などのスポーツには the を付けることはなく、常にそのままの形で使います。

▷ 人称代名詞

　名詞と似た働きをするものに「代名詞」があります。代名詞とは文字通り、「名詞の代わり」になるもので、前に出てきた名詞を指す言葉です。日本語では、対象が物なら「それ」、男性なら「彼」、女性なら「彼女」ですが、これらを英語で表したのが、**it / he / she** という人称代名詞です。

　たとえば、my uncle (私の叔父) の代名詞には、① he (彼は)、② his (彼の)、③ him (彼を)、④ his (彼のもの) という4つの活用形があり、次のように使います。

① **He** is my hero.　※主語になる主格

　(彼は私の憧れの人です。)

② **His** wife is a singer.　※「〜の」を表す所有格

　(彼の妻は歌手です。)

③ I respect **him**.　※目的語になる目的格

　(私は彼を尊敬しています。)

④ This car is **his**.　※「〜のもの」を表す所有代名詞
　（この車は彼のものです。）

　なお、名詞の所有格は、たとえば Ken ならば **Ken's**（ケンの）と、名詞の後に「's」(「アポストロフィエス」と言います)を付けます。Ken's bag なら、「ケンのカバン」です。また Ken's 単独で、「ケンのもの」という意味にもなります。

▷ 人称代名詞一覧表

主格 〜は	所有格 〜の	目的格 〜を／〜に	所有代名詞 〜のもの
I 私は	my 私の	me 私を(に)	mine 私のもの
you あなたは	your あなたの	you あなたを(に)	yours あなたのもの
he 彼は	his 彼の	him 彼を(に)	his 彼のもの
she 彼女は	her 彼女の	her 彼女を(に)	hers 彼女のもの
it それは	its その	it それを(に)	――
we 私たちは	our 私たちの	us 私たちを(に)	ours 私たちのもの
you あなたたちは	your あなたたちの	you あなたたちを(に)	yours あなたたちのもの
they 彼らは	their 彼らの	them 彼らを(に)	theirs 彼らのもの

Lesson 1

主語が「人」
+be動詞

▷ 主語がIのとき be動詞は am

I am Alice.
(私はアリスです。)

　Go!（行きなさい）のようにいきなり動詞で始まる「命令文」（114ページ参照）などの例外はありますが、基本的に英語には主語と動詞があります。I am Alice. という上の例文で、主語はI、動詞はamです。amは「be動詞」と呼ばれ、前後にあるものをイコールの関係で結びつける働きをするのが特徴です。be動詞は主語によって、isやareに変化します。

　I am Alice. という文では、I（私）= Alice（アリス）という関係が成り立っています。日本語の会話だと、カジュアルな感じで「私、アリス」と言うこともありますが、英語では必ずamを使います。また、I am は **I'm** と短縮形にすることもできます。「'」の印はアポストロフィと呼ばれ、そこに省略された文字があることを示しています。

Lesson 1

▷ **主語が I と you 以外の単数のとき be 動詞は is**

Alice is my daughter.
（アリスは私の娘です。）

　この例文の場合は Alice（アリス）＝ my daughter（私の娘）という関係が成り立っています。

　I（私）と、次で解説する you（あなた）を除けば、主語が単数のときの be 動詞は is です。Alice は代名詞で表せば she（彼女）に、Tom（トム）なら代名詞は he（彼）になります。she is と he is の短縮形は、それぞれ **she's**、**he's** です。

▷ **主語が you または複数のとき be 動詞は are**

You are kind.
（あなたは親切ですね。）

　主語が you（あなた）のときの be 動詞は are で、例文を短縮形を使って言えば、**You're kind.** です。「あなた（you）」のように、単数で are を使うのは例外で、それ以外は主語が複数のときに are を使います。「私たち／彼らは結婚しています」なら、**We/They are married.** です。we are と they are の短縮形は、それぞれ **we're**、**they're** です。

　これらの文でももちろん、You（あなた）＝ kind（親切）、We/They（私たち／彼ら）＝ married（結婚している）という関係が成り立っています。

I'm ～.

私は日本人です。

私は学校の先生です。

私はお腹がすいています。

私はのどが渇いています。

私は今、忙しいです。

He's/She's ～.

彼は私の英語の先生です。

彼はアメリカ人です。

彼は有名な歌手です。

彼女は15歳です。

彼女はとてもかわいいです。

私は～です。

I'm Japanese.

I'm a school teacher.

I'm hungry.

I'm thirsty.

I'm busy now.

彼は／彼女は～です。

He's my English teacher.

He's American.

He's a famous singer.

She's 15 years old.

She's very pretty.

パターン練習 ③ You're ～.

あなたは背が高いですね。

あなたはかっこいいですね。

あなたは緊張していますね。

あなたは疲れていますね。

あなたは頭の回転が速いですね。

パターン練習 ④ We're/They're ～.

私たちは友達です。

私たちは学生です。

私たちは双子の姉妹です。

彼らはカナダ出身です。

彼らは今、東京です。

あなたは〜ですね。

You're tall.

You're cool.

You're nervous.

You're tired.

You're smart.

私たちは／彼らは〜です。

We're friends.

We're students.

We're twin sisters.

They're from Canada.

They're in Tokyo now.

Lesson 2

「人 + be 動詞」の疑問文と否定文

▷ You are 〜 . の疑問文と否定文

Are you hungry?
(お腹がすいていますか。)

be 動詞を含む文の疑問文は、be 動詞を文頭に出し、最後にクエスチョンマーク (?) を付ければ完成です。読むときは文末のイントネーションを上げます。否定文は、**You are not hungry.**(あなたはお腹がすいていません)のように、be 動詞の直後に not を入れるだけで OK です。短縮形は、**You're not hungry.** とも **You aren't hungry.** とも言うことができます。

▷ Are you hungry? への答え方

Yes, I am. / No, I'm not.
(はい、すいています。/いいえ、すいていません。)

Are you 〜 ? と聞かれたら、Yes か No のどちらかで答えることになります。Are you hungry? (お腹がすいていますか) と聞かれて、すいていれば Yes, I am. と答えます。否定の答えをするときには、I am を短縮形にしてその直後に not を入れ、No, I'm not.

と言います。短縮形を使わず No, I am not. とすることもできますが、この場合は否定が強調されることになるので、やや不自然さが感じられます。

▷ I am 〜 . の否定文
I am not hungry.
（私はお腹がすいていません。）

I am hungry. の否定文は、am の直後に not を入れるだけで OK です。I am を短縮形にして、**I'm not hungry.** とするより自然です。am not の短縮形はないので、I amn't（×）としないように気を付けましょう。

▷ She/He is 〜 . の否定文と疑問文
She/He is not hungry.
（彼女／彼はお腹がすいていません。）

　主語が she や he のときの be 動詞は is なので、否定文は is の後に not を入れ、She/He is hungry.（彼女／彼はお腹がすいています）であれば She/He is not hungry. となります。短縮形は、**She's/He's not hungry.** とも **She/He isn't hungry.** ともすることができます。疑問文は、is を文頭に出し、最後にクエスチョンマーク（?）を付け、**Is she/he hungry?**（彼女／彼はお腹がすいていますか）とします。

パターン練習 ① Are you ～?

うれしいですか。

疲れていますか。

大丈夫ですか。

準備はいいですか。

今、忙しいですか。

パターン練習 ② I'm not ～.

私は学生ではありません。

私は韓国人ではありません

私はのどが渇いてはいません。

私はテニスが得意ではありません。

私はコンピューターに詳しくありません。

～ですか。

Are you happy?

Are you tired?

Are you OK?

Are you ready?

Are you busy now?

私は～ではありません。

I'm not a student.

I'm not Korean.

I'm not thirsty.

I'm not good at tennis.

I'm not familiar with computers.

Is she your ~?

彼女はあなたの友人ですか。

彼女はあなたの英語の先生ですか。

彼女はあなたのお母さんですか。

彼女はあなたの娘さんですか。

彼女はあなたの奥さんですか。

 He's not ~.

彼は日本人ではありません。

彼は私の彼氏ではありません。

彼は私の同僚ではありません。

彼はお金持ちではありません。

彼は怒っているのではありません。

彼女はあなたの〜ですか。

Is she your friend?

Is she your English teacher?

Is she your mother?

Is she your daughter?

Is she your wife?

彼は〜ではありません。

He's not Japanese.

He's not my boyfriend.

He's not my co-worker.

He's not rich.

He's not angry.

Lesson 3

This/That is 〜．の使い方

▷ 目の前のものを説明する This is 〜.

This is my business card.
(これは私の名刺です。)

　This is 〜．は、自分の目の前にあるものが何であるか、どういう状態にあるかを説明する表現です。my business card（私の名刺）のように名詞が続く場合と、**This is good.**（これはおいしい／よいです）のように形容詞などが続く場合があります。

▷ 相手に人を紹介する

This is my wife, Keiko.
(こちらは妻のケイコです。)

　This is の後に「人」を表す語を続ければ、目の前にいる人を紹介する文になります。**This is Ginza.**（ここは銀座です）なら、自分が今いる場所の地名を伝えることができます。

▷ 遠くにあるものを説明する That is 〜.

That is a church.
(あれは教会です。)

自分から離れたところにあるものを指して、それが何であるかを説明するときの表現が That is 〜 . (短縮形は That's 〜 .) です。離れたところにいる「人」が誰であるかを説明するなら、**That is my husband, Ken.**(あの人は夫のケンです)と言うことができます。

また、that や this は **that car**（あの車）や **this car**（この車）のように、名詞の前に置いて形容詞的に使うこともできます。

▷ That's 〜 . で感想を言う

That's too bad.
(困りましたね。)

相手が言ったことを that で受けて、自分の感想を述べることができます。たとえば I have a fever. (熱があります) と言われ、相手を気遣う意味で「(それは) 困りましたね」と言うときなども、that で応じることができます。この場合、通常 that is は短縮形の **that's** で表します。

This is ～.

これは重いです。

これは楽しいです。

これはとても便利です。

これは中古車です。

ここは私が生まれたところです。

 This ～ is ….

この部屋は広いです。

この事務所は狭いです。

このコーヒーは濃いです。

この腕時計は安物です。

この曲は私のお気に入りです。

これ(ここ)は〜です。

This is heavy.

This is fun.

This is very convenient.

This is a used car.

This is my birthplace.

この〜は…です。

This room is big.

This office is small.

This coffee is strong.

This watch is cheap.

This music is my favorite.

That is ～.

あれは富士山です。

あれは私のネコです。

あれは私たちの乗るバスです。

あれは私のお気に入りのカフェです。

あれは私の担任の先生です。

That's ～.

それはすごいですね。

それは信じられないですね。

それはいい考えですね。

それは残念ですね。

それはひどいですね。

あれは〜です。

That is Mt. Fuji.

That is my cat.

That is our bus.

That is my favorite café.

That is my homeroom teacher.

それは〜ですね。

That's amazing.

That's unbelievable.

That's a good idea.

That's a shame.

That's terrible.

Lesson 4

This is 〜 . の疑問文と否定文

▷ This is 〜 . の疑問文
Is this free?
(これはただですか。)

This is free. (これはただです) という文の疑問文は、is を文頭に出し、最後にクエスチョンマーク (?) を付ければ完成です。読むときは文尾のイントネーションを上げます。

会話では、This is free. の語順を変えなくても、This is free. ♪のようにイントネーションを上げて言えば疑問文になります。

▷ Is this free? への答え方
Yes, it is. / No, it isn't.
(はい、ただです。／いいえ、ただではありません)

Is this free? (これはただですか) に対して答える場合、this (これ) は it という語で受けます。it は、前に出てきた具体的なものを指す代名詞です。否定の答えをするときには、**No, it's not.** とすることもできます。この場合は否定の意味が強く出た表現になり

ます。

▷ This is ～. の否定文
This is not free.
(これはただではありません。)

　This is ～. の否定文は、is の直後に否定語の not を入れるだけで OK です。is not の短縮形の isn't を使って **This isn't free.** とすることもできます。

　なお、「あれはただではありません」は That is not free. ですが、こちらは短縮形を使って、**That isn't free.** とも、**That's not free.** とも言うことができます。

▷ This is ～. の否定疑問文
Isn't this free?
(これ、ただじゃないの？)

　This isn't free.（これはただではない）の isn't を文頭に出し、最後にクエスチョンマーク (?) を付けると、「これは～ではないのですか」という否定疑問文になります。**Isn't this good?**(これ、よくない？) のように、相手に同意を求める表現にもなります。

Is this ~?

これはあなたのスマホですか。

これはあなたのお父さんの車ですか。

ここはあなたの席ですか。

これは空港行きのバスですか。

これは博物館に行く正しい道ですか。

 Is this ~ …?

このラジオは壊れていますか。

この店はもう開いていますか。

このテーブルは予約席ですか。

この列車は東京行きですか。

この腕時計は売り物ですか。

これ(ここ)は〜ですか。

Is this your smartphone?

Is this your father's car?

Is this your seat?

Is this the bus for the airport?

Is this the right way to the museum?

この〜は…ですか。

Is this radio broken?

Is this store open now?

Is this table reserved?

Is this train for Tokyo?

Is this watch for sale?

パターン練習 ③ This (…) is not ~.

これは私の本ではありません。

これは私の好みではありません。

この問題は難しくありません。

この地域は治安がよくありません。

このチョコレートは甘くありません。

パターン練習 ④ Isn't this (…) ~?

これ、あなたの傘じゃない?

これ、おいしくない?

これ、かっこよくない?

このカレー、辛すぎない?

この試合、ちょっと退屈じゃない?

これ(この…)は〜ではありません。

This is not my book.

This is not my taste.

This problem is not difficult.

This area is not safe.

This chocolate is not sweet.

これ(この…)、〜じゃない？

Isn't this your umbrella?

Isn't this delicious?

Isn't this cool?

Isn't this curry too hot?

Isn't this game a little boring?

Lesson 4

Lesson 5

一般動詞
(他動詞と自動詞)

▷「主語(S)+動詞(V)+目的語(O)」の語順

I respect him.
(私は彼を尊敬します。)

　日本語の「私は彼を尊敬します」は「誰が」+「何を」+「どうする」の語順ですが、英語では「誰が (S)」+「どうする (V)」+「何を (O)」の語順になっています。英文を作るときには、この SVO の語順を意識することが重要です。

　be 動詞以外の動詞を「一般動詞」と呼びます。respect という動詞は I respect. (×) では意味を成さず、I respect you. (私はあなたを尊敬します) のように、目的語 (名詞) を必要とします。このような動詞を「他動詞」と言います。

▷目的語が必要な「他動詞」

I drink beer every night.
(私は毎晩、ビールを飲みます。)

　I drink beer. (私はビールを飲みます) の drink も他動詞です。その後ろにある beer が、この文の目的

語です。

その後に続く every night は「副詞」です。**today**（今日）や **at home**（家で）なども副詞で、文の最後に置いて、時や場所などの情報を加えることができます。

▷ 目的語を必要としない「自動詞」
I live in Tokyo.
（私は東京に住んでいます。）

------

live（住む）、go（行く）、swim（泳ぐ）、walk（歩く）、look（見る）のように、後に目的語（名詞）を必要としない動詞を「自動詞」と言います。ただし I live.（私は住む）や I go.（私は行く）だけでは伝える内容が不十分なので、I live in Tokyo. とか **I go to Tokyo by car.**（私は車で東京へ行きます）のように、住む場所や行く方向・手段などを表す in、to、by などの言葉（名詞の前に置かれ、「前置詞」と呼ばれます）とともに使うのが基本です。

また、動きを表す go のような動詞は、out（外に）や away（離れて）などの語を伴い、**go out**（外出する）や **go away**（去る）のように使われることもあります。

I ~ ….

私は夕食前にお風呂に入ります。

私は英語を少し話します。

私は犬を1匹飼っています。

私は魚が大好きです。

私は放課後、テニスをします。

I ~ every day.

私は毎日、車で通勤します。

私は毎日、歩いて通学します。

私は毎日、8時間睡眠をとります。

私は毎日、料理をします。

私は毎日、外食します。

私は…を〜します。

I take a bath before dinner.

I speak English a little.

I have a dog.

I like fish very much.

I play tennis after school.

私は毎日、〜します。

I drive to the office every day.

I walk to school every day.

I sleep eight hours every day.

I cook every day.

I eat out every day.

Lesson 6

一般動詞の
疑問文と否定文

▷ 一般動詞の疑問文

Do you speak English?
(あなたは英語を話しますか。)

　You speak English.（あなたは英語を話します）の疑問文は、Do を文頭に置き、最後にクエスチョンマーク（?）を付ければ完成です。読むときは文尾のイントネーションを上げます。実際の会話では、You speak English. ♪のように文尾のイントネーションを上げるだけでも疑問文にすることができますが、ここでは基本をしっかり身に付けましょう。

▷ Do you speak English? への答え方

Yes, I do. / No, I don't.
(はい、話します。／いいえ、話しません。)

　Do you speak English? に対して「はい」と答える場合は、Yes, I do. と言います。この do は speak English（英語を話す）の代わりになる動詞です。この場合、英語を話すのに自信がなければ、Yes, I do. と言った後に、**But just a little.**（でもちょっ

とだけです）と続けるといいでしょう。否定の答えをするときには、do not の短縮形 don't（「ドウントゥ」と発音）を使って、No, I don't. と言います。

▷一般動詞の否定文
I don't like chicken.
（私は鶏肉が好きではありません。）

I like chicken.（私は鶏肉が好きです）の否定文は、主語の直後に、**do not** またはその短縮形の **don't** を入れるだけで OK です。

▷主語が複数のときの疑問文
Do people speak English in India?
（インドでは人々は英語を話しますか。）

---

people（人々）のように、主語が複数のときの疑問文も Do で始めます。この例文に答えるときは、**Yes, they do.** と、代名詞の they で応じます。否定の答えなら、**No, they don't.** です。これらの they は特定の人を指しているのではなく、インドにいる人たちを漠然と表しています。

Do you ～?

日本語を話しますか。

その男の子を知っていますか。

ゴルフはしますか。

チョコレートは好きですか。

ネコを飼っていますか。

I don't ～.

スポーツは何もしません。

テレビは見ません。

車は持っていません。

両親と一緒に暮らしていません。

野菜は好きではありません。

～しますか。

Do you speak Japanese?

Do you know the boy?

Do you play golf?

Do you like chocolate?

Do you have a cat?

～しません。

I don't play any sports.

I don't watch TV.

I don't have a car.

I don't live with my parents.

I don't like vegetables.

Lesson 7

三人称単数現在形

▷ 主語が三人称単数の場合
My uncle lives in New York.
（叔父はニューヨークに住んでいます。）

　一般動詞の文において、主語が三人称単数で、現在のことを表すときには、動詞に s を付けます。「三人称」とは、「自分（たち）＝一人称」や「相手＝二人称」以外のすべての人（he、she など）や物（a book、it など）を指す言葉のことです。このときに付ける s を、三人称単数・現在の s、略して「三単現の s」と呼びます。

　ただし、kiss（〜にキスをする）、wash（〜を洗う）、watch（〜を見る）、go（行く）のように、動詞の最後が s/sh/ch/o などで終わるときは、**es** を付けます。さらに、study（〜を勉強する）のように語尾が「子音 +y」のときは、y を i に変えてから es を付けるので、study は **studies** となりますが、語尾が y でも play のように「母音 +y」のときは単に s を付けて **plays** とします。また、have（〜を持っている）は三単現のとき **has** になります。

▷ 三単現の疑問文と否定文

Does Susie live in an apartment?
（スージーはアパート暮らしですか。）

主語が三人称単数の、Susie lives in an apartment.（スージーはアパート暮らしです）という文を疑問文にするときは、lives の s を取り、Do の代わりに Does を文頭に置きます。否定文は do not の代わりに does not を使い、lives の s を取って **Susie does not live in an apartment.**（スージーはアパートに住んでいません）とします。また、does not の短縮形 doesn't を使って、**Susie doesn't live in an apartment.** とすることもできます。

▷ Does Susie live 〜？への答え方

Yes, she does. / No, she doesn't.
（はい、そうです。／いいえ、違います。）

１つ上の例文に対して、Yes で答えるときは、Susie を代名詞の she に変えて Yes, she does. とします。否定の答えをするときは、does not の短縮形の doesn't を使って、No, she doesn't. とします。

Does this price include tax?（この値段には税金が含まれていますか）という疑問文に答えるときは、this price（この値段）を代名詞の it に変えて、**Yes, it does.** または **No, it doesn't.** と言います。

She ~ (e)s.

彼女はピアノを弾きます。

彼女は毎日英語を勉強します。

彼女は日曜日に教会に行きます。

彼女は毎晩ビールを飲みます。

彼女は早く起きます。

He ~ (e)s.

彼は朝食にパンを食べます。

彼はテレビで野球を観ます。

彼は駅まで自転車で行きます。

彼は毎朝ジョギングします。

彼は上手に料理します。

Lesson 7

彼女は〜します。

She plays the piano.

She studies English every day.

She goes to church on Sundays.

She drinks beer every night.

She gets up early.

彼は〜します。

He eats bread for breakfast.

He watches baseball on TV.

He goes to the station by bicycle.

He jogs every morning.

He cooks well.

Lesson 8

一般動詞と be 動詞の過去形

▷一般動詞に ed を付けると過去形に

Lucy lived in London.
(ルーシーはロンドンに住んでいました。)

　一般動詞の過去形には、語尾に ed を付けるものと、不規則に変化するものの 2 種類があります。不規則に変化する動詞は、go—**went**、come—**came** のように、丸暗記するしかありません。巻末に不規則動詞の活用表をまとめましたので、参考にしてください。

　また、live（住む）のように語尾が e の動詞は、ed ではなく d を付けます。love（愛している）の過去形は **loved** です。stop（止まる）のように、「アクセントがある母音 + 子音」の場合は、**stopped** と子音を重ねてから ed を、study のように、語尾が「子音 +y」の場合は、**studied** と y を i に変えてから ed を付けます。ただし play のように「母音 +y」の場合は、**played** と単に ed を付けるだけです。

Lesson 8

▷ ed の発音
He kicked the ball.
(彼はボールを蹴りました。)

---

　ed の発音の仕方には3種類あります。まず、動詞の最後の音が声帯を震わせる有声音の場合は、/d/ の発音になります。たとえば live（リヴ）の「ヴ」や play（プレイ）の「イ」は声帯が震えるので、/d/ の発音になり、**lived** は「リヴドゥ」、**played** は「プレイドゥ」になります。なお、母音はすべて有声音なので、/d/ になります。

　次に、kick（蹴る）の最後の発音は /k/ の音で、無声音です。この場合は /t/ の音になり、**kicked** は「キックトゥ」と発音します。help（手伝う）、miss（ミスする）、wash（洗う）、watch（見る）のように p/s/sh/ch で終わる動詞も /t/ の音になります。

　3つ目は want や need のように最後が t か d で終わる動詞で、**wanted** は「ウォンティドゥ」、**needed** は「ニーディドゥ」と、/id/ の発音になります。

▷ be 動詞の過去形
I was busy yesterday.
(昨日は忙しかったです。)

---

　be 動詞の過去形は、am と is は **was**、are は **were** になります。

パターン練習 ① I 〜 ed.

駅まで歩いて行きました。

家で映画を観ました。

食器を洗いました。

彼の話に笑ってしまいました。

今日の夕飯を料理しました。

パターン練習 ② I 〜 ed.

東京に到着しました。

そのホテルに泊まりました。

コンサートでバイオリンを弾きました。

富士山に登りました。

パーティーに参加しました。

～しました。 ※-edの発音が[t]の動詞

I walked to the station.

I watched a movie at home.

I washed the dishes.

I laughed at his story.

I cooked today's dinner.

～しました。 ※-edの発音が[d]の動詞

I arrived in Tokyo.

I stayed at the hotel.

I played the violin at the concert.

I climbed Mt. Fuji.

I joined the party.

I was ～.

その頃は裕福でした。

その頃は学生でした。

昨日は大阪にいました。

昨夜はコンサート会場にいました。

今日は幸せでした。

We were ～.

私たちはお腹がすいていました。

私たちはパーティーに遅れました。

私たちはバスに間に合いました。

私たちは急いでいました。

私たちは空港にいました。

～でした。

I was rich then.

I was a student then.

I was in Osaka yesterday.

I was at a concert hall last night.

I was happy today.

私たちは～でした。

We were hungry.

We were late for the party.

We were in time for the bus.

We were in a hurry.

We were at the airport.

Lesson 9

過去形の疑問文と否定文

▷一般動詞の過去形の疑問文

Did you go to the party?
(パーティーに行きましたか。)

　一般動詞の過去形の疑問文は、文頭に Did を置き、最後にクエスチョンマーク（?）を付ければ完成です。読むときには文尾のイントネーションを上げます。疑問文では動詞は常に原形（辞書の見出し語の形）なので、不規則動詞の過去形（例文の場合は went）がわからなくても簡単に作ることができます。

　Did you go to the party? に対し、「はい、行きました」は **Yes, I did.** で、「いいえ、行きませんでした」は **No, I didn't.** と言います。

▷一般動詞の過去形の否定文

I didn't go to the party.
(パーティーに行きませんでした。)

　一般動詞の過去形の否定文は動詞の直前に **did not** またはその短縮形の **didn't** を置き、動詞は原形で表します。疑問文のときと同じように、動詞は常に原形

なので、不規則動詞の過去形がわからなくても簡単に否定文を作ることができます。

▷ be動詞の過去形の疑問文と否定文

Were you in Tokyo yesterday?
（昨日は東京にいましたか。）

be動詞の過去形wasとwereの疑問文は、be動詞を文頭に出し、最後にクエスチョンマーク（?）を付ければ完成です。読むときは文尾のイントネーションを上げます。否定文はbe動詞の直後にnotを入れるだけで完成ですが、was notとwere notの短縮形はそれぞれ **wasn't** と **weren't** で、特に会話では短縮形で表すのが普通です。

Were you in Tokyo yesterday? と聞かれて、「はい、そうです」なら **Yes, I was.**、「いいえ、違います」なら **No, I wasn't.** です。後者で自分がいた場所を伝えたい場合は、**No, I was in Yokohama.**（いいえ、横浜にいました）のように答えることもできます。

Did you ～?

ケイコにプロポーズした？

宿題終えた？

チケット手に入った？

電気消した？

カメラ持ってきた？

I didn't ～.

試験に合格しなかった。

昨夜はよく眠れなかった。

バスに間に合わなかった。

パーティーは楽しくなかった。

その本は見つからなかった。

~した？

Did you propose to Keiko?

Did you finish your homework?

Did you get the ticket?

Did you turn off the light?

Did you bring your camera?

~しなかった。

I didn't pass the exam.

I didn't sleep well last night.

I didn't catch the bus.

I didn't enjoy the party.

I didn't find the book.

Were you ~?

パーティーにいましたか。

昨夜、家にいましたか。

昨日、名古屋にいましたか。

会議に間に合いましたか。

先週、具合が悪かったですか。

I wasn't ~ then.

そのとき暇ではなかった。

そのときここにいなかった。

そのとき若くなかった。

そのとき会社にいなかった。

そのとき学校にいなかった。

～でしたか。

Were you at the party?

Were you at home last night?

Were you in Nagoya yesterday?

Were you in time for the meeting?

Were you sick last week?

そのとき～ではなかった。

I wasn't free then.

I wasn't here then.

I wasn't young then.

I wasn't at the office then.

I wasn't at school then.

Lesson 10

現在進行形と過去進行形

▷「be 動詞+〜 ing」

I'm eating lunch at the cafeteria.
(カフェテリアで昼食を食べています。)

　be 動詞（am, is, are）+〜 ing の形を「現在進行形」と呼びます。I eat lunch at the cafeteria. だと「私はカフェテリアで昼食を食べます」で現在の習慣を表しますが、現在進行形を使うことで「今、カフェテリアで昼食を食べているところです」のように、「（ふだんの習慣とは関係なく）今まさにしていること」を伝えることができます。

　このときに使う「〜 ing」を現在分詞と言い、動詞の原形に ing を付けますが、dance（踊る）のように e で終わる動詞は、e を取ってから ing を付けて **dancing** とします。また、stop（止まる）や cut（切る）など、「アクセントがある母音+子音」で終わる動詞は、**stopping** や **cutting** のように、最後の子音を重ねて ing を付けます。

▷過去進行形

I was waiting for you at the station.
(あなたを駅で待っていました。)

過去のある時点で「〜していた」ことを表すのが過去進行形です。主語がⅠか三人称単数の場合は「was +〜 ing」、主語が複数もしくは you（あなた）の場合は「were +〜 ing」を使います。

▷進行形の疑問文と否定文

Are you watching TV?
(テレビを見ていますか。)

進行形の疑問文は be 動詞を文頭に出し、最後にクエスチョンマーク（?）を付けます。読むときは文末のイントネーションを上げます。Are you watching TV? という文に答えるときは、Yes の場合は **Yes, I am.**（はい、見ています）、No の場合は通常 I am を短縮形にしてその直後に not を入れ、**No, I'm not.**（いいえ、見ていません）と言います。

進行形の否定文は、**I'm not watching TV.**（私はテレビを見ていません）と be 動詞の直後に not を入れるだけで完成です。

I'm ~ ing now.

今、音楽を聴いているところです。

今、小説を読んでいるところです。

今、私の車を洗っているところです。

今、昼食を取っているところです。

今、家で映画を観ているところです。

 Are you ~ ing?

楽しんでいますか。

パーティーを楽しんでいますか。

どこかに行くところですか。

私の言うことを聞いていますか。

このコンピューターを使っていますか。

今、〜しているところです。

I'm listening to music now.

I'm reading a novel now.

I'm washing my car now.

I'm having lunch now.

I'm watching a movie at home now.

〜していますか。

Are you having fun?

Are you enjoying the party?

Are you going anywhere?

Are you listening to me?

Are you using this computer?

Lesson 11

There is 構文

▷漠然とした物や人の存在を表す

There is a shop at the station.
(駅に店が1軒あります。)

「何の店かわからないけれど、駅に店がある」のように、漠然とした物や人の存在を表すのが「There is ＋ S ＋〜（場所を表す語句）」という構文です。複数のものがある場合は be 動詞を are に変え、**There are some shops at the station.**（駅に数軒の店があります）のように言います。この構文では、there に「そこに」という意味はなく、発音するときは強勢を置かずに軽く読みます。

there is と there are の短縮形は、**there's** と **there're** です。誰かわからないけれど「ドア（の向こう）に誰かいる」なら、**There's someone at the door.** です。

▷出来事の存在を表す

There was a big earthquake today.
(今日、大きな地震があった。)

イベントや事件、事故などがあることも there で表現できます。過去形 there was/were で「〜があった(起こった)」と言うことができます。

▷疑問文の作り方と答え方

Is there a bank near here?
(この近くに銀行はありますか。)

例文のもとになるのは There is a bank near here. という文で、主語は a bank ですが、文頭の There を形式上の主語と考え、Is there で始めます。Yes で答えるときは、there を主語にして、**Yes, there is.** です。No で答えるなら **No, there isn't.** です。

▷存在しないことを表す

There are not any shops at the station.
(駅には店が1軒もありません。)

「ひとつもない」は、There are not any 〜（複数形）. です。no を使って、**There are no shops at the station.** としても同じ意味です。

パターン練習 ① There's a/an 〜 near here.

この近くに遊園地があります。

この近くに日本料理店があります。

この近くに理容店があります。

この近くに喫茶店があります。

この近くに土産物屋があります。

パターン練習 ② Is there a 〜 around here?

この辺に駐車場はありますか。

この辺にコンビニはありますか。

この辺に郵便局はありますか。

この辺に歯科医院はありますか。

この辺にすし屋はありますか。

この近くに〜があります。

There's an amusement park near here.

There's a Japanese restaurant near here.

There's a barber shop near here.

There's a coffee shop near here.

There's a souvenir shop near here.

この辺に〜はありますか。

Is there a parking lot around here?

Is there a convenience store around here?

Is there a post office around here?

Is there a dental clinic around here?

Is there a sushi bar around here?

Lesson 12 where を使った疑問文

▷ Where is ～？で「～はどこ？」

Where is your smartphone?

(あなたのスマホはどこにありますか。)

物がどこにあるか、人や動物がどこにいるかを問う疑問文が Where is ～？です。物がどこにあるかを示す場合、単数であれば、**It's on the table.**（テーブルの上にあります）のように it で表します。It's は It is の短縮形です。**Where is the cat?**（ネコはどこにいますか）のような動物を主語にした疑問文に答えるときも it で受けます。

▷ 主語が複数形の場合

Where are your kids?

(あなたのお子さんたちはどこにいますか。)

主語が複数の場合は、Where are ～？の形で「～はどこ？」と聞くことができます。例文のような質問に答える場合は、複数の物や人を表す they で受けます。この場合は **They're in the yard.**（庭にいます）などと答えます。They're は They are の短縮形です。

Lesson 12

▷ Where で始まる一般動詞の疑問文
Where do you live?
(どこに住んでいますか。)

Do you live in Kyoto?（京都に住んでいますか）という文をもとに考えてみます。in Kyoto の部分を Where に変えて文頭に置き、そのまま do you live という疑問文の形を続ければ、where を使った一般動詞の疑問文の完成です。Did you go to Hakone yesterday?（昨日箱根に行きましたか）という文であれば、to Hakone を Where に変えて文頭に置き、**Where did you go yesterday?**（昨日はどこに行きましたか）となります。

いわゆる5W1Hと呼ばれる疑問詞（where ＝どこ、when ＝いつ、what ＝何、who ＝誰、why ＝なぜ、how ＝どのように）は、基本的には常に文頭に置かれます。そして発音するときには、Where do you live? ↘のように、文尾のイントネーションを下げるのが特徴です。

Where is the ～?

バス停はどこですか。

地下鉄の駅はどこですか。

銀行はどこですか。

スーパーはどこですか。

トイレはどこですか。

Where did you ～?

どこでそのチケットを手に入れましたか。

どこでその本を買いましたか。

どこでその傘を見つけましたか。

どこでそのネコを見ましたか。

どこで英語を身につけましたか。

Lesson 12

～はどこですか。

Where is the bus stop?

Where is the subway station?

Where is the bank?

Where is the supermarket?

Where is the restroom?

どこで～しましたか。

Where did you get the ticket?

Where did you buy the book?

Where did you find the umbrella?

Where did you see the cat?

Where did you learn English?

Lesson 13

when を使った疑問文

▷ When is ～? で「～はいつ？」

When is your birthday?
(誕生日はいつですか。)

Is your birthday July 16? は「あなたの誕生日は7月16日ですか」という意味です（日付は序数で表し、July 16 は July sixteenth と読みます。244～247ページ参照）。この文の July 16 を When（いつ）に変えて文頭に置けば、「～はいつ？」を尋ねる疑問文の完成です。言うときには Where で始まる疑問文と同様、When is your birthday? ↘ と文尾のイントネーションを下げます。答えるときは、**It's July 16.**（7月16日です）と、It's ～ . の形です。It's は It is の短縮形です。

▷「いつ～したのか？」と尋ねる

When did you come to Japan?
(いつ日本に来ましたか。)

Did you come to Japan yesterday?（昨日、日本に来ましたか）という文をもとに考えます。この文の

yesterday を When に変えて文頭に置き、最後にクエスチョンマーク（?）を付ければ「いつ」日本に来たかを尋ねる疑問文が完成します。

▷「何時に？」と尋ねる
What time do you get up every morning?
（毎朝、何時に起きますか。）

具体的な時間を尋ねるときは、when の代わりに、**what time**（何時に）を使います。What time do you 〜？と現在形を使えば、「（習慣的に）何時に〜をしますか」という意味を伝えることになります。

▷「When / What time ＋現在進行形」で予定を尋ねる
When are you leaving Japan?
（いつ日本を発つ予定ですか。）

疑問詞の when（いつ）や what time（何時に）と一緒に現在進行形（be 動詞＋〜 ing）を使うと、「〜しているのはいつ（何時）ですか」という元の意味から、「いつ（何時に）〜する予定ですか」という、近い未来の予定を尋ねることができます。答えるときも、**I'm leaving Japan next week.**（来週、日本を発ちます）のように現在進行形を使います。

パターン練習 ① When is 〜 ?

あなたの夫の誕生日はいつですか。

次のコンサートはいつですか。

次の東京行きの列車はいつですか。

あなたの結婚式はいつですか。

締め切りはいつですか。

パターン練習 ② When did you 〜 ?

日本に戻ったのはいつですか。

ここに着いたのはいつですか。

彼に最後に会ったのはいつですか。

その本を読んだのはいつですか。

起業したのはいつですか。

～はいつですか。

When is your husband's birthday?

When is the next concert?

When is the next train to Tokyo?

When is your wedding?

When is the deadline?

～したのはいつですか。

When did you come back to Japan?

When did you get here?

When did you meet him last?

When did you read the book?

When did you start your business?

What time did you ～?

今朝は何時に起きましたか。

昨夜は何時に寝ましたか。

何時に家を出ましたか。

何時に出勤しましたか。

何時に朝食を取りましたか。

 ## When are you ～ing?

いつ京都に来る予定ですか。

いつアメリカに戻る予定ですか。

いつ日本に到着する予定ですか。

いつロンドンに向かう予定ですか。

いつ休暇を取る予定ですか。

何時に〜しましたか。

What time did you get up this morning?

What time did you go to bed last night?

What time did you leave home?

What time did you get to the office?

What time did you have breakfast?

いつ〜する予定ですか。

When are you coming to Kyoto?

When are you going back to America?

When are you arriving in Japan?

When are you leaving for London?

When are you taking your vacation?

Lesson 14

what を使った疑問文

▷ What is ～? で「～は何?」

What's this?
(これは何ですか。)

目の前にあるものが何であるかを尋ねる疑問文が **What is this?** で、What is を短縮形にすると What's this? です。疑問詞で始まる文なので、文尾のイントネーションは下げます。答えるときは、たとえば「あなたへのプレゼントです」なら、**It's (a present) for you.** です。this(これ)を代名詞の it で受けていて、It's は It is の短縮形です。

What's your name?(名前は何ですか)と自分の名前を聞かれたら、it ではなく、**My name is Taro Osaka.**(私の名前は大阪タロウです)のように my name で受けます。同様に、**What's your favorite sport?**(好きなスポーツは何ですか)なら、**My favorite sport is golf.**(好きなスポーツはゴルフです)のように応じます。

▷ 「何をするか?」を尋ねる

What do you do on weekends?
(週末は何をしますか。)

週末にする習慣的な行為を尋ねています。Do you play tennis on weekends?(週末にテニスをしますか)という文で考えると、tennis を What に変えて文頭に置き、最後にクエスチョンマーク (?) を付ければ「週末に何をするか」を尋ねる疑問文の完成です。

過去形を使って **What did you do last weekend?** なら、「先週末は何をしましたか」です。現在進行形を使って **What are you doing now?** なら、「今何をしているのですか」です。また、「What +現在進行形」の形で予定を聞くこともできます。**What are you doing this weekend?** は、「今週末は何をしますか」という意味です。

▷ What kind of ～?で「どんな種類の～?」

What kind of animal do you like?
(どんな種類の動物が好きですか。)

疑問詞の what は、形容詞として、「どんな(何の)～」という意味で使うこともできます。中でも、What kind of ～?は非常に便利な表現で、～の部分にいろいろな名詞を入れ、相手の好きなものなどを尋ねることができます。

パターン練習 ① What's your favorite ~?

好きなフルーツは何ですか。

好きな季節は何ですか。

好きな科目は何ですか。

好きな食べ物は何ですか。

好きな花は何ですか。

パターン練習 ② What kind of ~ do you …?

どんな車を運転しますか。

どんなネコを飼っていますか。

どんなお酒を飲みますか。

どんな果物が好きですか。

どんな音楽を聴きますか。

好きな〜は何ですか。

What's your favorite fruit?

What's your favorite season?

What's your favorite subject?

What's your favorite food?

What's your favorite flower?

どんな(種類の)〜を…しますか。

What kind of car do you drive?

What kind of cat do you have?

What kind of alcohol do you drink?

What kind of fruit do you like?

What kind of music do you listen to?

What are you ~ ing?

何を読んでいるのですか。

何を食べているのですか。

何を飲んでいるのですか。

何を料理しているのですか。

何を作っているのですか。

What are you ~ ing + 前置詞?

何を見ているのですか。

何を探しているのですか。

何を聴いているのですか。

何を言っているのですか。

何を心配しているのですか。

Lesson 14

何を～しているのですか。

What are you reading?

What are you eating?

What are you drinking?

What are you cooking?

What are you making?

何を～しているのですか。

What are you looking at?

What are you looking for?

What are you listening to?

What are you talking about?

What are you worrying about?

Lesson 15

who を使った疑問文

▷ Who is ~ ? で「~は誰?」
Who is that woman?
(あの女性は誰ですか。)

Who is ~ ? で「~は誰ですか」と聞くことができます。Who is that woman? は、離れたところにいる女性がどんな人であるかを尋ねる疑問文で、**She's Ms. Smith.**（スミスさんです）と名前で答えることも、**She's my English teacher.**（私の英語の先生です）のように答えることもできます。

▷ who を主語にした疑問文
Who won the game?
(誰が試合に勝ちましたか。)

疑問詞 who は主語になるので、直後に動詞を続ければ「誰が~しますか」という疑問文になります。例文の場合は、たとえば Susie won the game.(スージーは試合に勝った) という文の Susie を Who に変えて最後にクエスチョンマーク（?）を付ければ完成です。

▷ 目的格としての who

Who did you invite to the party?
(誰をパーティーに招待しましたか。)

疑問詞 who は本来おもに主語になる語で、「誰に」「誰を」という目的語になるときは who の目的格の **whom** が使われていましたが、現代英語では whom は廃れつつあり、代わりに who が使われるようになっています。

▷ 「誰の〜?」と尋ねる whose

Whose sock is this?
(これは誰の靴下ですか。)

who の所有格は whose (誰の〜) です。sock (靴下の片方) は socks (一組そろった靴下) の単数形なので、it で受けて、**It's mine.** (私のです) や **It's Tom's.** (トムのです) のように答えます。一組そろった靴下を指して、「これは誰の靴下ですか」と言いたい場合は **Whose socks are these?** です (these は this の複数形)。答えるときも **They are mine.** (私のです) のように複数形にします。shoes (靴)、boots (ブーツ)、sneakers (スニーカー) なども socks と同じ扱いです。また、glasses (メガネ)、scissors (ハサミ)、pants (ズボン) などは常に複数形で使います。

Who is your ～?

担任の先生は誰ですか。

憧れの人は誰ですか。

親友は誰ですか。

好きな歌手は誰ですか。

好きな小説家は誰ですか。

 Whose ～(複数形の名詞) are these?

これは誰の靴ですか。

これは誰のハサミですか。

これは誰のメガネですか。

これは誰のズボンですか。

これは誰のブーツですか。

(あなたの)〜は誰ですか。

Who is your homeroom teacher?

Who is your hero?

Who is your best friend?

Who is your favorite singer?

Who is your favorite novelist?

これは誰の〜ですか。

Whose shoes are these?

Whose scissors are these?

Whose glasses are these?

Whose pants are these?

Whose boots are these?

Lesson 16 how を使った疑問文

▷ 挨拶で使う
How are you?
（調子はどうですか。）

---

　how は体や物事の状態などを尋ねるときに使う疑問詞で、How are you? は学校や会社など、普段会っている人へのやや改まった場面での挨拶です。相手の健康状態を本当に尋ねているものではないので、**I'm fine, thank you.**（おかげさまで元気です）などと応じるのが普通です。その後で、**How about you?**（あなたはどうですか）と聞き返すのもエチケットです。週明けに会った人には、**How was your weekend?**（週末はどうだった？）と言うのもいいでしょう。そう聞かれたら、It was great.（最高でした）、It was pretty good.（よかったです）などと応じます。

▷ 手段を尋ねる
How do you commute to work?
（どのように会社に通っていますか。）

---

　how は、あることをするのに「どんな手段で？」

と尋ねるときにも使います。How do you commute to work? と通勤方法を聞かれたら、**By train.**（列車で）、**By car.**（車で）、**By bus.**（バスで）などと応じます。

▷「how +形容詞／副詞」
How tall are you?
（身長はどれくらいですか。）

How の直後に形容詞や副詞を続けて、主語が「どの程度」のものかを尋ねることができます。身長の他に、年齢（old）、大きさ（large）、長さ（long）、高さ（high）、深さ（deep）などを聞くことができます。

▷ how many と how much
How many people are there in your family?
（何人家族ですか。）

数を聞くときは How many ～（複数形の名詞）、量を聞くときは How much ～（数えられない名詞）で始めます。ただし料金を聞くときは How much money の money を省略し、**How much is this?**（これはいくらですか）のようにしても OK です。

How was your ～?

今日はどうだった？

休みはどうだった？

今日の学校はどうだった？

飛行機の旅はどうだった？

ハワイ旅行はどうだった？

How do you ～?

どのようにお名前を綴りますか。

どのように結婚記念日をお祝いしますか。

どのように通学していますか。

どのようにクリスマスを過ごしますか。

どのように英語でこれを言いますか。

Lesson 16

(あなたの)〜はどうだった？

How was your day?

How was your holiday?

How was your school today?

How was your flight?

How was your trip to Hawaii?

どのように〜しますか。

How do you spell your name?

How do you celebrate your wedding anniversary?

How do you go to school?

How do you spend Christmas?

How do you say this in English?

How did you ~?

どうやって空港まで行ったの？

どうやってその質問に答えたの？

どうやって彼に連絡したの？

どうやって英語を身に付けたの？

どうやって彼女と知り合いになったの？

How ~ is this …?

このネコは何歳ですか。

この寺は築何年ですか。

この山はどれくらいの高さですか。

この庭はどれくらいの広さですか。

このベルトはいくらですか。

どうやって〜したの？

How did you get to the airport?

How did you answer the question?

How did you contact him?

How did you learn English?

How did you get to know her?

この…は何〜（どれくらいの〜）ですか。

How old is this cat?

How old is this temple?

How high is this mountain?

How large is this garden?

How much is this belt?

Lesson 17

why を使った疑問文

▷ 理由を尋ねる why

Why are you late?
(なぜ遅刻したのですか。)

---

why は理由を尋ねる疑問詞です。たとえば、Are you sad?（悲しいのですか）や Did you lie to her?（彼女に嘘をついたのですか）に why を付ければ、それぞれ **Why are you sad?**（なぜ悲しいのですか）、**Why did you lie to her?**（なぜ彼女に嘘をついたのですか）となります。

基本的には詰問口調の語で、特に「ホワ〜イ」と強く発音するとさらに強い感情を表すことになるので、使うときには注意が必要です。理由を答えるときは、because（なぜなら）を使い、**Because I missed the train.**（列車に乗り遅れたからです）のように言います。

▷ Why don't you 〜？で提案する
Why don't you come with me?
（私と一緒に来ませんか。）

　Why don't you 〜？は「なぜ、あなたは〜しないのですか」が直訳ですが、Why を強く発音せずに一気に「ホワイドンチュウ」と読めば、「〜したらどう？」という軽い提案の意味になります。Why don't you 〜？の代わりに Why not 〜？という省略形もよく使われ、**Why not come with me?** と言っても例文と同じ意味になります。

▷ Why don't we 〜？で提案、勧誘する
Why don't we go dancing?
（踊りに行かない？）

　Why don't we 〜？は「なぜ私たちは〜しないのですか」が直訳ですが、自分を含めて「〜しませんか」という提案、勧誘の意味を表します。命令文（114ページ参照）のひとつである Let's 〜 . を使って Let's go dancing.（踊りに行こう）とすると、自分中心の表現で、押しつけがましさが感じられるので、Why don't we 〜？のほうが好まれます。

　なお、go 〜 ing で「〜しに行く」という意味を表し、go dancing の他には、**go shopping**（買い物に行く）、**go swimming**（泳ぎに行く）のように使います。

Why are you so ~?

なぜそんなにうれしいの？

なぜそんなに意地悪なの？

なぜそんなに怒っているの？

なぜそんなに親切なの？

なぜそんなにかわいいの？

Why are you ~ing?

なぜ泣いているの？

なぜ笑っているの？

なぜぶつぶつ言っているの？

なぜ私を見ているの？

なぜ私を無視しているの？

Lesson 17

なぜそんなに〜なの？

Why are you so happy?

Why are you so mean?

Why are you so angry?

Why are you so kind?

Why are you so pretty?

なぜ〜しているの？

Why are you crying?

Why are you laughing?

Why are you complaining?

Why are you looking at me?

Why are you ignoring me?

Lesson 18

時間や天気を表す it

▷ 現在の時刻を言う
It's three thirty.
(今、3時30分です。)

時刻は It is 〜 .（またはその短縮形の It's 〜 .）で表します。What time is it now?（今、何時ですか）と聞かれて答えるときは、It's three thirty. のように、基本的には数字を並べて表現します。ちょうど3時なら、**It's three o'clock.** と言います。o'clock は of the clock（時計の）の短縮形で、時計の針がその先に置かれた数字を示していることを表しています。「○時○分」の場合は o'clock は使えませんので、注意してください。

▷ 時刻の別の言い方
It's half past three.
(3時30分です。)

15分や30分などキリのよい時間のときは、1時間の「4分の1」を意味する a quarter、「半分」を意味する half で表すこともできます。その際、「3時を

15分／30分過ぎて」の意味で、**a quarter past three / half past three** のように、past を使います。

▷天気を言う
It's windy today.
(今日は風が強いです。)

How is the weather today?（今日の天気はどうですか）と聞かれたら、It is または It's の後に天気を表す形容詞を続けます。「晴れ」なら sunny、「曇り」なら cloudy、「雨」なら rainy です。

「今日は風が強いですか」という疑問文は **Is it windy today?**、「今日は風が強くないです」という否定文は **It's not windy today.** です。

▷漠然とした状況を言う
It's too late.
(遅すぎます。)

---

it は、漠然とした状況を表すときにも使います。**It's your turn.** は「あなたの番です」、**It's OK.** は「大丈夫です」という意味です。

It's ~ .

2時30分です。

4時15分です。

6時25分です。

1時ちょうどです。

11時55分です。

It's ~ today.

今日は寒いです。

今日は暖かいです。

今日は晴れです。

今日は曇りです。

今日は雨です。

～時です。

It's half past two.

It's a quarter past four.

It's six twenty-five.

It's one o'clock.

It's eleven fifty-five.

今日は～です。

It's cold today.

It's warm today.

It's sunny today.

It's cloudy today.

It's rainy today.

Lesson 19

how と what で感嘆文

▷ How で始まる感嘆文

How cute this cat is!
(このネコはなんてかわいいのでしょう！)

　何かを見聞きしたときに思わず心に湧き起こる感情を表現するのが感嘆文です。How と What で始まる２種類がありますが、まずは How で始まる感嘆文を見ていきます。

　This cat is very cute.（このネコはとてもかわいい）という文で、very cute（とてもかわいい）はかわいさの程度が大きいことを表しています。これを how cute にすると、そのかわいさの程度がいかに大きいものであるかを表すことになります。この how cute を文頭に移動し、文の最後に感嘆符（!）を付けてできたのが How cute this cat is! という感嘆文です。この場合、目の前にネコがいるので、this cat is を省略して **How cute!**（なんてかわいいの！）と言うこともできます。

▷ What で始まる感嘆文
What a cute cat this is!
(これはなんてかわいいネコなの！)

　今度は This is a very cute cat.（これはとてもかわいいネコです）を感嘆文にすることを考えます。この文では、very cute の後に名詞の cat があるため、形容詞的な用法を持つ what（何の、何という）を使います。a very cute cat を what a cute cat と変えて、これを文頭に出し、最後に感嘆符（!）を付けて感嘆文を作ります。this is を省略して、**What a cute cat!**（なんてかわいいネコなの！）と言うこともできます。

　また、These are very cute cats.（これらはとてもかわいいネコです）のような複数形の文を感嘆文にするには、**What cute cats these are!** と、what の後は複数形で表します。この場合も these are は省略可能です。

How 〜 … is !

彼女はなんて頭がいいのでしょう！

この動物はなんて奇妙なのでしょう！

このアイスクリームはなんておいしいのでしょう！

彼のジョークはなんて面白いのでしょう！

この列車はなんて速いのでしょう！

What a 〜 …!

なんて素敵な夫婦！

なんて悲しい話！

なんて退屈な試合！

なんて強運な男！

なんて美しい夕陽！

…はなんて〜なのでしょう！

How smart she is!

How strange this animal is!

How delicious this ice cream is!

How funny his joke is!

How fast this train is!

なんて〜な…！

What a nice couple!

What a sad story!

What a boring game!

What a lucky man!

What a beautiful sunset!

Lesson 20

「命令」にも「依頼」にもなる命令文

▷ 動詞の原形で始める

Come here.
(こっちに来て。)

相手に面と向かって、「〜しなさい」「〜してください」と命令するときは、英語では動詞の原形で始めます。これを「命令文」と言いますが、言い方によっては威圧感を与えることもあるし、柔らかくソフトな感じで言えば、お願いの意味にもなります。たとえば、立場が上の者が下の者に対して Come here! と言えば「こっちに来なさい！」、かわいい犬に向かって Come here. と言えば「こっちにおいで」となります。このように、同じ命令文でも、言い方やシチュエーションによって伝える内容が異なります。

形式的に語調を和らげるには、文頭か文尾に please を置きます。文尾に置くときは、直前にコンマを入れます。すなわち、**Please come here.** もしくは **Come here, please.** で、「こっちに来てください」といった意味になります。

▷ be 動詞の命令文

Be kind.
(やさしくして。)

You are kind.（あなたはやさしい）のような be 動詞の文を命令文にする場合は、Be を文頭に置きます。

▷ 否定の命令文

Don't open the window.
(窓を開けてはいけません。)

「〜してはいけません」という否定の命令文は、文頭に Don't を置き、その直後に動詞の原形を続けます。Don't は Do not の短縮形で、**Do not open the window.** とすれば、否定の強調になります。「駐車禁止」の標識は Do not park. です。

▷「〜しましょう」を表す文

Let's go.
(行きましょう。)

Let's go. は Let us go. の短縮形です。「私たちに行かせなさい」が原義で、形式上は命令文の仲間です。Let's の後は動詞の原形が来ます。**Let's not go.** なら「行くのはやめましょう」です。

Please 〜.

立ってください。

座ってください。

ドアを閉めてください。

手を洗ってください。

窓を開けたままにしておいてください。

Don't 〜.

心配しないで。

そんな口のきき方をしないで。

飲みすぎないで。

スープは音を立てて飲まないで。

ドアを開けっぱなしにしないで。

Lesson 20

～してください。

Please stand up.

Please sit down.

Please close the door.

Please wash your hands.

Please keep the window open.

～しないで。

Don't worry.

Don't talk like that.

Don't drink too much.

Don't slurp your soup.

Don't leave the door open.

Lesson 21

「可能」の助動詞 can

▷ 「〜することができる」を表す

I can swim.
（私は泳げます。）

「助動詞」とは文字通り「動詞の働きを助ける語」で、動詞の意味に幅を持たせることができる言葉です。たとえば、「本を読む」という表現は、助動詞を使うことで「本を読むことができる」「本を読まなければならない」「本を読むでしょう」「本を読むかもしれない」のように変化を付けることができます。

まずは、「〜することができる」という意味の助動詞 can からです。助動詞は常に「助動詞＋動詞の原形」の形を取るので、主語が三人称単数でも動詞に s を付けることはありません。Joe swims.（ジョーは泳ぐ）に can を付けると、**Joe can swim.**（ジョーは泳げます）となります。

▷ can を使った疑問文と否定文
Can you swim?
（泳ぐことができますか。）

---

　can をはじめ、助動詞を含む文の疑問文は助動詞を文頭に出し、最後にクエスチョンマーク（?）を付ければ完成です。読むときは文尾のイントネーションを上げます。上の例文への答え方は、「はい」なら **Yes, I can.** で、「いいえ」なら **No, I can't.** です。

　can を含む文の否定文は、cannot または can not の短縮形の can't にするだけで OK です。「私は泳げません」は **I cannot swim.** もしくは **I can't swim.** と言います。

▷ 「許可」と「依頼」
Can I open the window?
（窓を開けてもいいですか。）

　「窓を開ける（open the window）」のように、基本的に誰でもできる行為を can を使った疑問文にすると、例文のように「許可」を求めたり、**Can you open the window?**（窓を開けてもらえますか）と依頼する文になります。

　これらに対して「はい」と答える場合は、Yes, you/I can. ではなく、通常 **Sure.**（もちろん）などと言います。

I can't 〜.

英語を上手に話すことができません。

このビンを開けることができません。

それを信じることができません。

あなたなしで生きることができません。

英語でそれを説明できません。

Can I 〜?

今、注文してもいいですか。

お水をいただいてもいいですか。

ちょっとお話ししてもいいですか。

ビニール袋を1枚もらってもいいですか。

これを機内に持ち込んでもいいですか。

〜できません。

I can't speak English well.

I can't open this bottle.

I can't believe it.

I can't live without you.

I can't explain it in English.

〜してもいいですか。

Can I order now?

Can I have some water?

Can I talk to you for a minute?

Can I get a plastic bag?

Can I bring this on the plane?

Can you ～?

ピアノを弾けますか。

星は見えますか。

日本語を話せますか。

私の言っていることが聞こえますか。

それを秘密にできますか。

Can you ～?

手伝ってくれますか。

ここで待っていてくれますか。

ペンを貸してくれますか。

私の写真を撮ってくれますか。

お塩を取ってくれますか。

〜できますか。

Can you play the piano?

Can you see the stars?

Can you speak Japanese?

Can you hear me?

Can you keep it a secret?

〜してくれますか。

Can you help me?

Can you wait here?

Can you lend me a pen?

Can you take my picture?

Can you pass me the salt?

Lesson 22

must と have to

▷「〜しなくちゃ」の助動詞 must

You must go on a diet.
(あなたはダイエットしなくちゃ。)

「〜しなければならない」という意味の助動詞 must は、話し手の主観的な判断に基づいて、必ずそうしなければならない、「とにかく、そうしないとダメ！」といったニュアンスです。強制の意味が強いので、使い方には要注意ですが、具合の悪そうな人に、**You must see a doctor.**（医者に診てもらわないとダメですよ）と言えば、相手への気遣いを表すことができます。

▷ must を使った疑問文と否定文

Must I go on a diet?
(ダイエットをしなくてはいけませんか。)

疑問文の作り方は can と同じです。否定文は must not とするか、短縮形で mustn't とすることもできます。注意したいのは、否定文は「〜してはいけない」という禁止を表し、**You mustn't go on a diet.** で

「ダイエットしてはいけません」という意味になることです。ですので、例文に対して「はい」の場合は **Yes, you must.** ですが、「いいえ」の場合は **No, you don't have to.**（いいえ、その必要はありません）と言います（下記参照）。

また、must はおもにその後に be が続くときには、「～に違いない」という推量を表します。**He must be tired.** は、「彼は疲れているに違いない」という意味です。

▷ have to の使い方
I have to go on a diet.
（私はダイエットしなくてはいけません。）

- -

have to も、その後に動詞の原形を続けて「～しなければならない」という意味を表しますが、must よりも強制の意味がやや弱くなるので、こちらのほうが好んで使われる傾向があります。疑問文と否定文は have to を普通の動詞扱いにしますので、疑問文は Do を文頭に置き、否定文は do not、通常はその短縮形を使って don't have to にします。この否定文は「～する必要はない」の意味になります。**I don't have to go on a diet.** で、「私はダイエットする必要はありません」という意味です。

I must ～.

8時30分のバスに乗らなくては。

明日までにこの仕事を終わらせなくては。

次の駅で電車を乗り換えなくては。

両替をしなくては。

コンビニに寄らなくては。

You don't have to ～.

気にする必要はありません。

チップを払う必要はありません。

急ぐ必要はありません。

早く来る必要はありません。

謝る必要はありません。

～しなくては。

I must take the 8:30 bus.

I must finish this job by tomorrow.

I must change trains at the next station.

I must exchange money.

I must drop by a convenience store.

～する必要はありません。

You don't have to worry.

You don't have to pay a tip.

You don't have to hurry.

You don't have to come early.

You don't have to say sorry.

Lesson 23 「前もって決めた意思」の be going to

▷「〜するつもりです」の意味に

I'm going to go to Hawaii this summer.
(今年の夏はハワイに行くつもりです。)

Where are you going?（どこに行くところですか）と聞かれて、I'm going to Tokyo. と答えれば、「私は東京へ行くところです」という意味になります。前置詞の to は方向を表しますが、I'm going to の後に動詞の原形を続けると、「〜する方向に行くところです」から「〜するつもりです」という、前もって決めた意思を表す文を作ることができます。このときの「to ＋動詞の原形」の形を to 不定詞と呼び、後ほど詳しく学びますが（150 ページ〜参照）、ここでは「be going to ＋動詞の原形」で「〜するつもりです」の意味を表す、ということを覚えてください。例文の I'm going to go to Hawaii this summer からは、ハワイ旅行の計画がすでに立てられていることがうかがわれます。

be going to を使った疑問文と否定文の作り方は、

69 ページで見た現在進行形と同じです。「パーティーに参加するつもりですか」は **Are you going to join the party?**、「パーティーに参加するつもりはありません」は **I'm not going to join the party.** です。

▷ 根拠のある推量を表す

It's going to rain this morning.
(今朝は雨が降りそうです。)

be going to は、「〜するつもりです」という意思だけでなく、「〜するでしょう」という近い未来の推量を表すこともあります。確かな証拠にもとづく推量で、たとえば、空模様が怪しくなり、今にも雨が降り出しそうな状況で使われます。崖の上にある大きな岩が今にも落ちそうなときには、**The rock is going to fall.**（岩は落ちるでしょう）ですし、綿密に企画したパーティーがきっとうまくいくと確信しているなら、**The party is going to be a success.**（パーティーは成功するでしょう）と言います。

パターン練習 ① I'm going to ~.

別のアパートに引っ越すつもりです。

新車を買うつもりです。

髪を切るつもりです。

転職するつもりです。

仕事をやめるつもりです。

パターン練習 ② It's going to be ~.

今日は暑くなりそうです。

長い一日になりそうです。

雪のクリスマスになりそうです。

面白い試合になりそうです。

楽しい晩になりそうです。

〜するつもりです。

I'm going to move to another apartment.

I'm going to buy a new car.

I'm going to get a haircut.

I'm going to change jobs.

I'm going to quit my job.

〜になりそうです。

It's going to be hot today.

It's going to be a long day.

It's going to be a white Christmas.

It's going to be an exciting game.

It's going to be a fun night.

Lesson 24

「その場の意思」の will

▷ be going to との違い

I'll go to Kyoto.
([そうだ] 京都へ行こう。)

前もって決めた意思を表す be going to に対して、助動詞の will はその場の思い付きやその場で決めたことを表します。will の後には動詞の原形が続きます。I will の短縮形は **I'll** で、「(今から) 〜します」「〜しよう」という意味では、短縮形で表すのが自然です。

▷ will の否定文

I will not forget your kindness.
(あなたの親切は忘れません。)

「(私は)〜しません」という否定文は、I will not か、その短縮形の **I won't**(「won't は「ウォウント」と発音)とします。否定を強調したいときは短縮形にせず、I will not を使います。また、not の代わりに **never** を使えば、「決して忘れない」とさらに強調されます。

▷ 「〜してくれる？」
Will you help me?
（手伝ってくれる？）

相手に何かを頼むときの表現が Will you 〜？です。「あなたには〜する意思はありますか」が本来の意味で、基本的に相手が断らないことを前提にしています。命令文よりも丁寧な表現ですが、日本語にすれば「〜してくれる？」というニュアンスなので、見ず知らずの人や目上の人には使えません。

なお、will を使った疑問文に答えるとき、「はい」なら **Yes, I will.**、「いいえ」なら **No, I won't.** ですが、例文のような依頼を承諾する場合は、**Sure.**（もちろん）などと言います。

▷ 「単純未来」や「推量」を表す
She will have a baby next month.
（来月、彼女は出産予定です。）

「〜するつもりです」という未来に向けた意思の意味から、will が「〜するでしょう」という意味を表すこともあります。例文のように、時間の経過によって必然的にある状態になること（単純未来）や、**She will come to the party.**（彼女はパーティーに来るでしょう）のように、話し手の主観に基づいた推量を表します。

パターン練習 ① I'll ~.

後で電話します。

すぐに戻ります。

あなたに本当のことを言います。

すぐにあなたのところに行きます。

明日お伺いします。

パターン練習 ② Will you ~?

電気をつけてくれる?

ネコにエサをあげてくれる?

私と結婚してくれる?

タクシーを呼んでくれる?

コショウを取ってくれる?

～します。

I'll call you later.

I'll be back soon.

I'll tell you the truth.

I'll be with you in a minute.

I'll visit you tomorrow.

～してくれる？

Will you turn on the light?

Will you feed the cat?

Will you marry me?

Will you call a taxi?

Will you pass me the pepper?

Lesson 25

may と should

▷ 「50%の実現の可能性」を表す may

She may come here.
（彼女はここに来るかもしれません。）

例文は She may come here or not.（彼女はここに来るかもしれないし、来ないかもしれない）と言うこともできるように、実現の可能性が50%のときに使われるのが助動詞 may です。副詞の maybe（たぶん）を使って **Maybe she will come here.** とすれば、例文と同義になります。

▷ may を使って丁寧に許可を求める

May I have your attention, please?
（みなさまにご案内申し上げます。）

これは搭乗客の注意（attention）を引くためのキャビンアテンダントさんの常套句で、May I ～ ? は、改まった場面で「～してもよろしいでしょうか」という意味の許可を求める表現です。カジュアルな場面では、Can I ～ ?（～してもいい？）が使われます。

▷ 「忠告」や「助言」の should

You should stop smoking.
(タバコをやめたほうがいいですよ。)

「〜しなければならない」ことを表す助動詞の must よりも強制力が弱く、「〜したほうがいい」と忠告や助言を与えるときに使われるのが should です。話し手が主観に基づいて、そうすることが望ましいというニュアンスで使います。また、「当然そうなるはずだ」という推測の意味でも使うことができます。

▷ 「提案」や「勧誘」の should

What should I do next?
(次に何をしましょうか。)

Should I 〜 ? は「私は〜するべきでしょうか」が原義ですが、「〜しましょうか」という意味で、提案や申し出をするときにも使えます。Should we 〜 ? なら「(一緒に) 〜しませんか」と勧誘の意味になります。

イギリス英語では、Shall I 〜 ? や Shall we 〜 ? がよく使われます。

May I ～?

お名前をお聞きしてもよろしいでしょうか。

ご注文をお聞きしてもよろしいでしょうか。

トイレをお借りしてもよろしいでしょうか。

ペンをお借りしてもよろしいでしょうか。

これを試着してもよろしいでしょうか。

You should ～.

医者に診てもらったほうがいいですよ。

野菜をもっと食べたほうがいいですよ。

この本を読んだほうがいいですよ。

薬を飲んだほうがいいですよ。

明日は休んだほうがいいですよ。

～してもよろしいでしょうか。

May I have your name?

May I take your order?

May I use the restroom?

May I borrow the pen?

May I try this on?

～したほうがいいですよ。

You should see a doctor.

You should eat more vegetables.

You should read this book.

You should take medicine.

You should take a day off tomorrow.

Lesson 26

接続詞の that

▷ that を使ってひとつの文に

I know that Tom is a teacher.
(トムが先生であることを知っています。)

I know Tom.（トムのことを知っています）という文では、know は「~を知っている」という意味の他動詞で、目的語が Tom です。I know の後に、Tom is a teacher.（トムは先生です）という文を that を使ってつなげ、ひとつの文にすることができます。つまり、「主語+動詞+目的語」という構造の文で、目的語に当たるのが that Tom is a teacher というかたまりになるわけです。

この that のように、文と文をつなぐものを「接続詞」と言います。接続詞の that は「~ということ」という意味で、I know that と言った後に、具体的に知っている内容を続けます。ただし、that はしばしば省略されます。

know の他に、think（思う）、believe（信じる）、hope（希望する）、say（言う）、guess（推測する）などの動詞が使われます。**I hope (that) it will be**

fine tomorrow. は、「明日は晴れるということを希望する」→「明日は晴れるといいですね」となります。

▷ 「心的な状態を表す形容詞 + that」
I'm afraid that I'll be late.
(遅刻するのでは。)

I'm afraid of snakes. は「私は蛇が怖い」ですが、afraid の直後に that を続けて、よくないことが起こるのではないかという不安や心配を表すことができます。that 以下が、その不安や心配している内容です。このときの that は、特に会話では省略するのが自然です。

その他、安堵 (I'm glad)、遺憾 (I'm sorry)、確信 (I'm sure) など、心的な状態を表す形容詞の後に that を続けて、「～することを」や「～のことに関して」などの意味を持たせることができます。**I'm glad (that) you came.** は「あなたが来てくれてうれしい」、**I'm sorry (that) I'm late.** は「遅れてごめんなさい」、**I'm sure (that) he will come.** は「彼はきっと来てくれます」です。

I think he's ~.

彼は本当のことを言っていると思います。

彼はもう家にいると思います。

彼は怒っていると思います。

彼は昼食に出ていると思います。

彼はあなたに嘘をついていると思います。

I'm sorry I ~.

あなたをがっかりさせてごめんなさい。

今日はあなたに会えなくてごめんなさい。

あなたの誕生日を忘れてしまってごめんなさい。

あなたに本当のことを言わなくてごめんなさい。

パーティーに行けなくてごめんなさい。

彼は〜だと思います。

I think he's telling the truth.

I think he's at home now.

I think he's angry.

I think he's out for lunch.

I think he's lying to you.

〜してごめんなさい。

I'm sorry I disappointed you.

I'm sorry I can't see you today.

I'm sorry I forgot your birthday.

I'm sorry I didn't tell you the truth.

I'm sorry I can't come to the party.

Lesson 27 「時」「条件」「理由」の接続詞

▷「時」を表す when

I was taking a shower when you called.
（電話をくれたときはシャワーを浴びていました。）

基本的に文頭に置かれる疑問詞の when（80ページ参照）は「いつ」の意味でしたが、今回取り上げる when は直後に「主語＋動詞」が続く接続詞で、「〜するとき…」の意味になります。例文と同じ意味で、**When you called, I was taking a shower.** と when を文頭に置くこともできますが、when の直後に「主語＋動詞」の形が続いているので、疑問詞でないことはすぐにわかります。接続詞が文頭に出るときは、そのかたまりがどこまで続いているかを示すためにカンマ（,）を入れます。

▷「時」を表すその他の接続詞

After I get there, I'll call you.
（そこに着いたら電話します。）

「〜した後に…する」ことを表すなら、when の代

144

わりに、**after**（〜した後に）という接続詞を使います。この他、**before**（〜する前に）、**while**（〜する間）も覚えておきたいです。

▷ 「条件」を表す if

You'll find the bank if you turn to the right.
（右に曲がれば、銀行があります。）

「もし〜なら」という条件を表すときの接続詞は if です。この場合も文の前後を入れ替えて、**If you turn to the right, you'll find the bank.** とすることができます。また、この文は命令文の後に接続詞の and を続け、**Turn to the right, and you'll find the bank.** とすることもできます。and は「そうすれば」の意味で、「右に曲がって。そうすれば銀行があります」となります。

▷ 「理由」を表す because

I am angry because you ate my cake.
（あなたが私のケーキを食べたので怒っています。）

---

because は、「〜なので」と理由を表します。**Because you ate my cake, I am angry.** としても同じ意味です。

When I was ~, I ….

若い頃、東京に住んでいた。

東京にいる頃、よく浅草に行った。

20歳の頃、埼玉に引っ越した。

子どもの頃、パイロットになりたかった。

大学生の頃、アパート暮らしだった。

I was ~ing (…) when you called.

電話をくれたとき、寝ていました。

電話をくれたとき、音楽を聴いていました。

電話をくれたとき、あなたのことを考えていました。

電話をくれたとき、カラオケをしていました。

電話をくれたとき、ピアノを練習していました。

～の頃、…した。

When I was young, I lived in Tokyo.

When I was in Tokyo, I often went to Asakusa.

When I was 20 years old, I moved to Saitama.

When I was a child, I wanted to be a pilot.

When I was in college, I lived in an apartment.

電話をくれたとき、(私は)～していました。

I was sleeping when you called.

I was listening to music when you called.

I was thinking of you when you called.

I was singing karaoke when you called.

I was practicing the piano when you called.

If you are ~ , you can ….

もしお腹がすいていたらそれを食べてもいいよ。

もしのどが渇いていたらそれを飲んでもいいよ。

もし眠ければ寝てもいいよ。

もし忙しかったらそれは後にしてもいいよ。

もし疲れていたらソファに横になってもいいよ。

 I can't ~ because I'm ….

忙しいのであなたに会えません。

お腹がすいているので集中できません。

疲れているので歩けません。

眠いので宿題ができません。

興奮しているので眠れません。

もし〜なら…してもいいよ。

If you are hungry, you can eat it.

If you are thirsty, you can drink it.

If you are sleepy, you can go to bed.

If you are busy, you can do it later.

If you are tired, you can lie on the sofa.

…なので〜できません。

I can't see you because I'm busy.

I can't concentrate because I'm hungry.

I can't walk because I'm tired.

I can't do my homework because I'm sleepy.

I can't sleep because I'm excited.

Lesson 28

to 不定詞の名詞的用法

▷「方向」を表す前置詞 to が起源

I want to go to Kyoto.
(京都へ行きたい。)

I'll go to Kyoto.（京都へ行こう）の中の前置詞 to は「方向」を表しますが、「to ＋動詞の原形」(これを「to 不定詞」と言います) の to も「方向」を表しています。たとえば、「～を欲する、～が欲しい」という意味の動詞 want を使って、I want to go to Kyoto. とすれば、私が欲する気持ちが「京都へ行く」方向へ向いていることから、「私は京都へ行きたい」という意味になります。この英文では、to go 以下が want の目的語になっている、つまり、to go 以下が名詞の役割を果しているので、「名詞的用法」と呼びます。

前置詞 to から生まれた to 不定詞は、動詞の方向性を表し、未来に向けて「これからする」ことを含意するので、want の他に **hope**（希望する）、**plan**（計画する）、**decide**（決心する）、**promise**（約束する）などの動詞と相性がよく、これらの動詞の目的語に to 不定詞を取ることができます。

▷ 「be 動詞＋ to 不定詞」

Her dream is to be a lawyer.
（彼女の夢は弁護士になることです。）

---

to 不定詞は未来志向性を含意しますので、be 動詞の直後に置いて、夢や希望、進路などを表すことができます。

▷ 「It is ＋形容詞＋ to 不定詞」

It is difficult to be a lawyer in Japan.
（日本で弁護士になることは難しい。）

「〜すること」という名詞的な働きをする to 不定詞は文の主語にすることもできますが（**To be a lawyer in Japan is difficult.**）、文の主語はできるだけ短く表すという英語の特徴から、仮主語の it を使って、to 不定詞の部分を文の後ろに移動させます。「It is 〜（形容詞）to …（動詞の原形）」で、「…することは〜である」という構文として覚えておきましょう。

初対面の挨拶表現「初めまして」は Nice to meet you. ですが、これは **It is nice to meet you.**（あなたに会えてよかったです）を短縮した表現です。

I want to ~ .

ビールを1杯飲みたい。

新車を買いたい。

麺類が食べたい。

あなたと結婚したい。

家に帰りたい。

 Do you want to ~ ?

私と一緒に来ない？

私と買い物に行かない？

カフェに寄らない？

一休みしない？

外食しない？

Lesson 28

～したい。

I want to drink a beer.

I want to buy a new car.

I want to eat noodles.

I want to marry you.

I want to go home.

～しない？(←～したい？)

Do you want to come with me?

Do you want to go shopping with me?

Do you want to drop by a café?

Do you want to take a break?

Do you want to eat out?

パターン練習 ③ My dream is to ~.

私の夢は歌手になることです。

私の夢は世界旅行をすることです。

私の夢はパリで働くことです。

私の夢はオリンピックに出ることです。

私の夢は沖縄に別荘を持つことです。

パターン練習 ④ It is ~ to ….

これを1時間で終わらせるのは難しいです。

この質問に答えるのは簡単です。

この川で泳ぐのは危険です。

毎日英語を勉強するのは大切です。

この問題を解くのは不可能です。

私の夢は〜することです。

My dream is to be a singer.

My dream is to travel around the world.

My dream is to work in Paris.

My dream is to take part in the Olympics.

My dream is to have a second house in Okinawa.

…するのは〜です。

It is difficult to finish this in an hour.

It is easy to answer this question.

It is dangerous to swim in this river.

It is important to study English every day.

It is impossible to solve this problem.

Lesson 29

to 不定詞の副詞的用法

▷「目的」を表す

Alice went to Paris to study French.
(アリスはフランス語を勉強するためにパリに行った。)

例文は、Alice went to Paris.(アリスはパリに行った)という文に、未来志向性を表す to 不定詞を使って to study French(フランス語を勉強するために)とつなげています。これは文や動詞を修飾する副詞的用法の to 不定詞で、「目的」を表していますが、この場合は、パリに行ってフランス語を勉強したという「結果」の意味に解釈することもできます。「目的」の意味を明確にするなら、**To study French, Alice went to Paris.** とするか、**Alice went to Paris in order to study French.** とします。逆に「結果」の意味であることを明確にする場合は、to 不定詞は使わずに、Alice went to Paris and studied French. とします。

Lesson 29

▷「結果」を表す

The dog lived to be 20 years old.
(その犬は 20 歳まで生きた。)

「結果」を表す副詞的用法の例です。**She grew up to be a doctor.** は「彼女は成長して医者になった」です。

▷形容詞を修飾①

I'm glad to meet you.
(お目にかかれて光栄です。)

Nice to meet you.（151 ページ参照）と同様、初対面の挨拶で使える表現です。後半の to meet you は「あなたに会えて」という「理由」を表し、形容詞の glad（うれしい、光栄だ）を修飾しています。

▷形容詞を修飾②

It's warm enough to swim today.
(今日は暖かいので泳げます。)

形容詞の後に enough to ～（動詞の原形）が続いて、「（十分）…ので～する」「～するほど（十分）…」という意味になります。また、**It's too cold to swim today.**（今日は寒すぎで泳げません）という文に含まれる too ～（形容詞）to …は、「～すぎて…しない」「…しないほど～すぎる」の意味を表します。

He saved money to ~.

彼は外国に行くために貯金した。

彼は新車を買うために貯金した。

彼は結婚するために貯金した。

彼は家を建てるために貯金した。

彼はレストランを開業するために貯金した。

I was ~ to hear the news.

その知らせを聞いてうれしかった。

その知らせを聞いて悲しかった。

その知らせを聞いて腹立たしかった。

その知らせを聞いてがっかりした。

その知らせを聞いて興奮した。

彼は〜するために貯金した。

He saved money to go abroad.

He saved money to buy a new car.

He saved money to get married.

He saved money to build a house.

He saved money to open a restaurant.

その知らせを聞いて〜だった。

I was glad to hear the news.

I was sad to hear the news.

I was angry to hear the news.

I was disappointed to hear the news.

I was excited to hear the news.

She was kind enough to ～ .

彼女は親切にも私を車で迎えに来てくれた。

彼女は親切にも私を空港で出迎えてくれた。

彼女は親切にも私をそこまで連れて行ってくれた。

彼女は親切にも私の荷物を持ってくれた。

彼女は親切にも私を車で家まで送ってくれた。

I'm too ～ to ….

忙しすぎてあなたに会えない。

疲れすぎて歩けない。

背が低すぎてそれに手が届かない。

内気すぎて人前で歌えない。

興奮しすぎて眠れない。

彼女は親切にも〜してくれた。

She was kind enough to pick me up.

She was kind enough to meet me at the airport.

She was kind enough to take me there.

She was kind enough to carry my baggage.

She was kind enough to drive me home.

〜すぎて…できない。

I'm too busy to see you.

I'm too tired to walk.

I'm too short to reach it.

I'm too shy to sing in public.

I'm too excited to sleep.

Lesson 30

to 不定詞の形容詞的用法

▷後ろに置いて名詞を修飾

I bought a book to read on the train.
(列車で読む本を買いました。)

例文の a book to read on the train(列車で読む本)のように、to 不定詞が形容詞的に名詞を修飾するときは、原則として、to 不定詞以下を名詞の直後に置きます。形容詞的用法の場合、to を強いて訳せば、「列車で読むための本」とか「列車で読むべき本」となりますが、実際には「列車で読む本」のような訳が自然な日本語です。

I want something to eat on the train. は「列車で何か食べるものがほしい」、**I have nothing to do today.** は「今日は何もすることがない」、**I have a lot of things to do today.** は「今日はすることがたくさんある」という意味です。空港の入国審査で「申告するものは何もありません」と言う場合は **I have nothing to declare.** です。

▷ 直前の名詞と同格の to 不定詞
He has a dream to be a singer.
(彼には歌手になる夢がある。)

to 不定詞が、直前に置かれた名詞とイコール（同格）の関係になり、その名詞の具体的な内容を形容詞的に表すことができます。例文では、a dream（夢）= to be a singer（歌手になる）という関係です。夢はこれから実現するものなので、「これからすること」「未来の方向性」を暗示する to 不定詞の特徴がここに示されています。

▷「〜する時間です」
It's time to go to bed.
(もう寝る時間です。)

この it は時間を表す代名詞（106 ページ参照）で、It's time to 〜（動詞の原形）. の形で、「〜する時間です」の意味になります。to 不定詞以下が、その直前にある名詞の time（時間）を修飾しています。

パターン練習① I have a dream to be a ～.

私にはパイロットになる夢がある。

私には弁護士になる夢がある。

私には音楽家になる夢がある。

私には科学者になる夢がある。

私には教授になる夢がある。

パターン練習② It's time to ～.

起きる時間です。

会議を始める時間です。

会議を終わらせる時間です。

休憩する時間です。

結論を出す時間です。

Lesson 30

私には〜になる夢がある。

I have a dream to be a pilot.

I have a dream to be a lawyer.

I have a dream to be a musician.

I have a dream to be a scientist.

I have a dream to be a professor.

〜する時間です。

It's time to get up.

It's time to start the meeting.

It's time to close the meeting.

It's time to take a break.

It's time to make a conclusion.

Lesson 31

to 不定詞の応用

▷「疑問詞 + to 不定詞」

Do you know how to cook this?
(この料理の仕方を知っていますか。)

「どのように」という手段や方法を問う疑問文を作る疑問詞 how(96 ページ参照)の後に to 不定詞を続けると、「どのようにして〜すればよいか」=「〜の仕方」の意味になります。know(知っている)の他に、「教える」という意味の **tell**、実演したり地図などを描いたりして「教える」という意味の **show**、「尋ねる」という意味の **ask** などの動詞の目的語として使われます。

when(いつ)、where(どこで)、what(何を)などの疑問詞も how と同じような使い方をします。**Please tell me**(私に教えてください)の後に、**when to leave** なら「いつ出発するか」、**where to go** なら「どこへ行くか」、**what to do** なら「何をするか」を教えてください、となります。

「空港までの行き方を教えてください」は、**Please**

tell me how to get to the airport. です。「空港までの行き方」は how to go to the airport とは言わず、空港にたどり着くまでのプロセスに焦点を当てた get を使うので注意してください。

▷「want など＋人＋ to 不定詞」
I want you to go to the concert.
（あなたにコンサートに行ってほしい。）

I want to go to the concert. は「私はコンサートに行きたい」ですが、want と to の間に you を入れ、I want you to go to the concert. とすると、you が to 不定詞の意味上の主語になり、「私はあなたに行ってほしい」という意味になります。同じように、**I told him to go there.**（私は彼にそこに行くように言った）や **I asked him to go there.**（私は彼にそこに行くように頼んだ）のように、「tell ＋人＋ to 不定詞」で「人に～するように言う」、「ask ＋人＋ to 不定詞」で「人に～するように頼む」の意味になります。

Please show me how to ~.

この運転の仕方を教えてください。

このゲームの仕方を教えてください。

折り紙の鶴の折り方を教えてください。

ケーキの焼き方を教えてください。

スキーの仕方を教えてください。

 I don't know what/where to ~.

何を彼に言ったらいいかわかりません。

何を彼の誕生日に買ったらいいかわかりません。

何を注文したらいいかわかりません。

どこでチケットを買ったらいいかわかりません。

どこで降りたらいいかわかりません。

～の仕方を教えてください。

Please show me how to drive this.

Please show me how to play this game.

Please show me how to fold a paper crane.

Please show me how to bake a cake.

Please show me how to ski.

何を／どこで～したらいいかわかりません。

I don't know what to say to him.

I don't know what to buy for his birthday.

I don't know what to order.

I don't know where to buy the ticket.

I don't know where to get off.

I want you to ～.

ここにいてほしい。

本当のことを言ってほしい。

この本を読んでほしい。

私を信じてほしい。

私を愛していると言ってほしい。

Tell him to ～.

部屋の掃除をするように彼に言って。

元気を出すように彼に言って。

ネコにエサをあげるように彼に言って。

一人で行くように彼に言って。

正午までにここに来るように彼に言って。

(あなたに)〜してほしい。

I want you to be here.

I want you to tell the truth.

I want you to read this book.

I want you to believe me.

I want you to say you love me.

〜するように彼に言って。

Tell him to clean the room.

Tell him to cheer up.

Tell him to feed the cat.

Tell him to go alone.

Tell him to be here by noon.

Lesson 32

使役動詞の let と make

▷「let +人+動詞の原形」

Let me go alone.
(一人で行かせてください。)

「〜しましょう」の意味で使う Let's の後には動詞の原形が続きます。たとえば、「行きましょう」なら **Let's go.** です。これは Let us go. の短縮形で、「私たちに行かせて」という命令文から生まれた表現です（115ページ参照）。Let us go. は、短縮形の Let's go. とは違って、「私たちに行かせてください」という意味で使われます。

let はもともと「〜させる」という意味を持つ使役動詞で、「let +人+動詞の原形」で「人に〜させる」という許可を与える表現になります。このとき使われる「動詞の原形」は、to が付かない不定詞という意味で、「原形不定詞」と呼ばれます。**Let me go.** なら「(私に) 行かせてください」、**I'll let you go.** なら「あなたに行かせましょう」から「行ってもいいよ」となります。

Lesson 32

▷「make ＋人＋動詞の原形」
The news made me laugh.
(そのニュースを聞いて笑ってしまった。)

---

　make も let と同じように「人に〜させる」という意味を持つ使役動詞で、「make ＋人＋動詞の原形」の形を取ります。ただし let とは違って「強制的にさせる」というニュアンスがあり、**The teacher made me stand up.** なら「先生は私を立たせた」です。

　使役動詞の make が使われていても、主語が人以外の場合は強制の意味はなくなります。The news made me laugh. は「そのニュースは私を笑わせた」から「私はそのニュースを聞いて笑ってしまった」、**What made you laugh?** なら「何があなたを笑わせたのですか」から「どうして笑ったのですか」の意味になります。後者は詰問口調の Why did you laugh? よりも丁寧な響きがあります。

▷「help ＋人＋動詞の原形」
Will you help me move the table?
(テーブルを動かすのを手伝ってくれる？)

---

　help（手伝う）も「help ＋人＋動詞の原形」の形で、「人が〜するのを手伝う」という意味を表します。

Let me ～ .

手伝わせてください。

それについては考えさせてください。

確認させてください。

自己紹介させてください。

あなたに街を案内させてください。

 What made you ～ ?

どうして日本に来たのですか。

どうして泣いたのですか。

どうしてそんなことを言ったのですか。

どうしてそう思ったのですか。

どうして気が変わったのですか。

～させてください。

Let me help you.

Let me think about it.

Let me check.

Let me introduce myself.

Let me show you around the town.

どうして～したのですか。

What made you come to Japan?

What made you cry?

What made you say such a thing?

What made you think that?

What made you change your mind?

Lesson 33

「〜すること」を意味する動名詞

▷動名詞と不定詞の違い

My hobby is surfing the internet.

（私の趣味はネットサーフィンです。）

　動詞に ing を付けることで、「〜すること」という意味を表すようになったものを「動名詞」と言います。ing の付け方は進行形のときと同じで、run（走る）に ing を付ければ **running**（走ること）、swim（泳ぐ）に ing を付ければ **swimming**（泳ぐこと）です（68ページ参照）。

　動名詞は名詞的用法の to 不定詞（150ページ参照）と同じような使い方をしますが、違いもあり、to 不定詞が未来志向性を暗示するのに対して、動名詞は繰り返し行われる反復的な行為を暗示します。例文の場合、「趣味（hobby）」はこれからのことも含めて反復して行われるものなので、surf（〜を見て回る）に ing を付けた動名詞の surfing が使われています。

▷ 動詞の目的語になる動名詞
I enjoy playing the piano.
(ピアノを弾くことが楽しいです。)

「ピアノを演奏することを楽しむ」のように、動名詞は動詞（この場合は enjoy）の目的語にもなります。「ピアノを弾くことを練習する」なら practice playing the piano です。

「反復的な行為」を表す動名詞には、これからも終わらないことが暗示されるので、それまでしていたことを「終了（finish ＝〜を終える / stop ＝〜をやめる / give up ＝〜をやめる）」させたり、これからすることを「回避（avoid ＝〜を避ける）」「延期（put off ＝〜を延期する）」させたりする意味の動詞と相性がいいです。**He finished writing a book.** は「彼は本を書き終えた」、**I stopped smoking.** は「私はタバコをやめました」です。

▷「前置詞＋動名詞」
I'm good at playing tennis.
(テニスをすることが得意です。)

動名詞は名詞なので、前置詞の後に置くこともできます。**Thank you for inviting me.** なら「招待してくれてありがとう」です。

My hobby is ~ ing.

私の趣味は模型飛行機を作ることです。

私の趣味は庭の手入れをすることです。

私の趣味は映画を観ることです。

私の趣味はクラシック音楽を聴くことです。

私の趣味は庭で野菜を育てることです。

Thank you for ~ ing.

今日は来てくれてありがとう。

私を待っていてくれてありがとう。

私をフォローしてくれてありがとう。

友達申請を承認してくれてありがとう。

「いいね」してくれてありがとう。

私の趣味は〜することです。

My hobby is making model planes.

My hobby is gardening.

My hobby is watching movies.

My hobby is listening to classical music.

My hobby is growing vegetables in the garden.

〜してくれてありがとう。

Thank you for coming today.

Thank you for waiting for me.

Thank you for following me.

Thank you for accepting my friend request.

Thank you for giving me a like.

Lesson 34

「完了」を表す現在完了

▷ 現在完了は「have + 過去分詞」

He has gone to London.
（彼はロンドンに行ってしまった。）

　過去形と現在形の間には大きな隔たりがあり、過去のことは 100 年前でも 1 分前でも同じ過去形で表します。この大きな隔たりをなくし、過去から現在へとつながりを持たせるのが現在完了形です。**He went to London.**（彼はロンドンに行った）は単に過去の事実を表しているだけです。一方、過去に起こったことが現在どういう状態になっているかを伝えるのが He has gone to London. で、彼がロンドンに行った結果、彼は今ここにいない、という内容を伝えています。現在完了には「完了（結果）」「経験」「継続」の3つの用法があり、これは「完了」です。

　現在完了の基本形は「have + 過去分詞」です。主語が三人称単数のときは have は **has** に変わります。「過去分詞」とは、過去になされた行為がどんな結果になっているかを表す動詞の変化形で、「過去にした動作の結果を今持っている（have）」というのが現在

完了形の由来です。過去分詞は、大部分は過去形と同じですが（基本的には動詞の語尾に ed を付けます）、違うものもあるので、巻末の不規則動詞活用表で確認してください。

▷「完了」に伴う副詞
I've just finished my work.
(仕事を終えたところです。)

「完了」を表す現在完了形は、just（ちょうど）の他、**now**（今）、**already**（すでに）、**yet**（もう、まだ）などの副詞をしばしば伴います。**I've** は I have の短縮形です。

▷現在完了の疑問文と否定文
Have you already finished your work?
(もう仕事を終えましたか。)

現在完了形の疑問文は Have/Has を文頭に置き、最後にクエスチョンマーク（?）を付ければ完成です。上の例文に答える場合、「はい」なら **Yes, I have.** で、「いいえ」なら **No, I haven't.** です。否定文は have/has の直後に not を置きます。have not/has not の短縮形は haven't/hasn't です。

I've ~ .

パスポートをなくしてしまった。

お金を全部使ってしまった。

パスワードを忘れてしまった。

いい考えを思いついた。

新しい仕事を見つけた。

I've just ~ .

昼食を食べたところです。

東京駅に着いたところです。

帰宅したところです。

宿題をやったところです。

銀行に行ってきたところです。

Lesson 34

～してしまった(～した)。

I've lost my passport.

I've spent all my money.

I've forgotten my password.

I've thought of a good idea.

I've found a new job.

～したところです。

I've just eaten lunch.

I've just arrived at Tokyo Station.

I've just come home.

I've just done my homework.

I've just been to the bank.

Lesson 35

「経験」を表す現在完了

▷「経験」の現在完了と副詞

I have climbed Mt. Fuji before.
(以前、富士山に登ったことがあります。)

生まれてから現在に至るまでの間に持った「経験」を、現在完了で表すことができます。例文の before (以前) の代わりに、**once** (一度)、**twice** (二度)、**three times** (三度) など回数を表す副詞を文末に置くこともできます。

▷「経験」を尋ねる疑問文と答え方

Have you ever been to Okinawa?
(沖縄に行ったことがありますか。)

経験の有無を尋ねる疑問文は、過去分詞の前に ever (これまでに) を入れます。「〜に行ったことがありますか」は go の過去分詞の gone ではなく、be 動詞の過去分詞の **been** を使います。180 ページの He has gone to London. は「彼はロンドンに行ってしまった」でしたが、**He has been to London.**

とすれば、「彼はロンドンに行ったことがある」の意味になります。

なお、実際の会話で Have you ever 〜？の形で過去の経験を尋ねられたときには、単に Yes, I have. / No, I haven't. で答えるのではなく、**Yes, I've been there many times.**（ええ、何度も行ったことがあります）や、**No, but I want to go there some day.**（いいえ、でもいつか行きたいと思っています）のように、付加情報を伝えるとよいでしょう。

▷「一度も〜したことがない」
I've never climbed Mt. Fuji.
（富士山に一度も登ったことがありません。）

「一度も〜したことがない」という否定文は、not の強調形の **never** を have（または has）の直後に入れるだけで OK です。never は「not（ない）＋ ever（これまでに）」から生まれた副詞です。

Have you ever 〜 ?

その博物館を訪れたことがありますか。

その映画を観たことがありますか。

その小説を読んだことがありますか。

ドリアンを食べてみたことがありますか。

海外旅行をしたことがありますか。

I've never 〜 .

外国に行ったことが一度もありません。

サーフィンをやってみたことが一度もありません。

北海道に行ったことが一度もありません。

ゴルフをしたことが一度もありません。

彼と話をしたことが一度もありません。

〜したことがありますか。

Have you ever visited the museum?

Have you ever seen the movie?

Have you ever read the novel?

Have you ever tried durian?

Have you ever traveled abroad?

〜したことが一度もありません。

I've never been abroad.

I've never tried surfing.

I've never been to Hokkaido.

I've never played golf.

I've never spoken to him.

Lesson 36

「継続」を表す現在完了

▷ 継続用法の意味

I've lived in Tokyo for ten years.
（私は 10 年間、東京に住んでいます。）

I lived in Tokyo for ten years. という過去形の文は、今から見て何年前のことであるかや今はどこに住んでいるかなどは問題とせずに、とにかく過去において、「10 年間、東京に住んでいた」ことを表しています。一方、I've lived in Tokyo for ten years. という現在完了形を使った例文は、「今から 10 年前に東京に住み始めて、今も東京に住んでいる」ことを表しています。このように、過去に始まった動作や状態が現在まで続いていること、すなわち「継続」を表すのも現在完了です。継続用法の場合、for ten years のような期間を表す副詞を伴います。同様に、I was busy yesterday.（昨日は忙しかった）は、過去の事実を伝えているだけですが、現在完了形を使った **I've been busy since yesterday.** は、「昨日からずっと(今も)忙しい」ことを伝えています。

Lesson 36

▷「How long ＋現在完了」
How long have you lived here?
(ここにはどれくらい住んでいますか。)

How long の後に現在完了の疑問文を続けると、「どれくらいの期間〜していますか」という意味を表します。How long の代わりに、**How many years**（何年間）や **How many days**（何日間）などを使えば、もっと具体的な期間を尋ねることができます。

▷継続用法の否定文
I haven't seen Lucy since then.
(そのときからルーシーに会っていません。)

この場合、ある行為をしていない状態が今に続いていることを表しています。

▷現在完了進行形
It has been raining since this morning.
(今朝からずっと雨が降っている。)

進行形にすることができる動詞の場合、「have/has ＋ been 〜 ing」の形で、過去のあるときから「今までずっと〜している」ことを表すことができます。この場合、ある動作がこれからも続くことを暗示しています。

I've ~ for/since ….

この会社に30年間勤務しています。

英語を5年間勉強しています。

2023年からここにいます。

去年からハワイに滞在しています。

昨日から具合が悪いです。

I haven't ~ since/for ….

去年からスージーに会っていません。

今朝から何も食べていません。

長い間、彼に連絡していません。

何年も風邪を引いていません。

数年間、ピアノを弾いていません。

…間／…から〜しています。

I've worked for this company for 30 years.

I've studied English for five years.

I've been here since 2023.

I've stayed in Hawaii since last year.

I've been sick since yesterday.

…から／…間〜していません。

I haven't met Susie since last year.

I haven't eaten anything since this morning.

I haven't contacted him for a long time.

I haven't caught a cold for many years.

I haven't played the piano for a few years.

How long have you ～?

日本に来てからどれくらいになりますか。

彼と知り合ってからどれくらいになりますか。

このアパートに住んでからどれくらいになりますか。

この会社に勤めてからどれくらいになりますか。

結婚してからどれくらいになりますか。

How long have you been ～ing?

どれくらいこのホテルに泊まっているのですか。

どれくらいここで教えているのですか。

どれくらい英語を勉強しているのですか。

どれくらいここで待っているのですか。

どれくらいピアノを弾いているのですか。

～してからどれくらいになりますか。

How long have you been in Japan?

How long have you known him?

How long have you lived in this apartment?

How long have you worked for this company?

How long have you been married?

どれくらい～しているのですか。

How long have you been staying at this hotel?

How long have you been teaching here?

How long have you been studying English?

How long have you been waiting here?

How long have you been playing the piano?

Lesson 37

受動態の使い方

▷「be 動詞＋過去分詞」で「〜された」

The telephone was invented by Bell.
（電話はベルによって発明された。）

　Bell invented the telephone.（ベルは電話を発明した）のように、「誰か」が対象物である「何か」に対して、ある行為に及んだことを表す形を「能動態」といいます。英語では、ほとんどの文が能動態で表されます。一方、本来の目的語である the telephone を主語にして、「〜された」と表す文を「受動態」と言います。基本形は「be 動詞＋過去分詞」で、行為者を強調したいときには前置詞の **by** を使います。

　疑問文は be 動詞を文頭に置きます。This book was written by him.（この本は彼によって書かれました）を疑問文にすると、**Was this book written by him?**（この本は彼によって書かれたのですか）で、答え方は「はい、そうです」なら **Yes, it was.**、「いいえ、違います」なら **No, it wasn't.** です。否定文は be 動詞の直後に not を付けます。通常は短縮形を

使って、**This book wasn't written by him.**（この本は彼によって書かれたのではありません）と言います。

▷ by を使わない受動態

English is spoken in Australia.
（オーストラリアでは英語が話されている。）

この例文のように、特に行為者を表す必要がない場合は by 以下を省きます。被害者に焦点が当てられている **Many people were injured in the accident.**（その事故で多くの人がケガをしました）や、行為者が不明な **My bike was stolen.**（私の自転車が盗まれた）といった受動態の文においても、by は使いません。by を使うのは行為者を強調するときだけです。

▷ 「助動詞＋ be 動詞＋過去分詞」

It must be finished right now.
（それは今すぐ終わらせなければなりません。）

You must finish it right now. を受動態にした文です。助動詞を使った文の受動態の基本形は、「can/must/will/may/should ＋ be ＋過去分詞」です。助動詞の後の動詞は必ず原形なので、be 動詞は常に be で示されます。

~ is spoken in ….

ニュージーランドでは英語が話されています。

オーストリアではドイツ語が話されています。

メキシコではスペイン語が話されています。

カナダではフランス語が話されています。

ブラジルではポルトガル語が話されています。

This ~ was ….

この写真はパリで撮られました。

この城は1615年に建てられました。

この石はエジプトで発見されました。

この小説は2020年に出版されました。

この本は世界中で読まれました。

…では〜語が話されています。

English is spoken in New Zealand.

German is spoken in Austria.

Spanish is spoken in Mexico.

French is spoken in Canada.

Portuguese is spoken in Brazil.

この〜は…されました。

This picture was taken in Paris.

This castle was built in 1615.

This stone was discovered in Egypt.

This novel was published in 2020.

This book was read all over the world.

Lesson 38 名詞を修飾する現在分詞と過去分詞

▷ 形容詞として名詞を修飾

Look at that sleeping cat.
(あの眠っているネコを見て。)

　「分詞」とは、動詞と形容詞の役割を分かち合うことに由来する言葉で、本来は動詞の「動き」と形容詞の「状態」の性質をあわせ持っています。その現在分詞と過去分詞が、形容詞として名詞を修飾することがあります。現在分詞は a sleeping cat（眠っているネコ）のように、「〜している」の意味になります。一方、過去分詞が形容詞として使われる場合、**a broken window**（割れた窓）のように、「〜された」という受け身の意味になります。

▷ 名詞の後ろに置く場合

Look at that cat sleeping on the sofa.
(ソファで眠っているあのネコを見て。)

　that cat sleeping on the sofa（ソファで眠っているあのネコ）のように、形容詞として複数の語句で名

詞を修飾する場合は、現在分詞を含む修飾語句を名詞の後に置きます。過去分詞の場合も同様に、たとえば「ハンマーで割られた窓」なら、**the windows broken with a hammer** となります。このように、現在分詞や過去分詞などを用いたひとかたまりの語句が名詞を修飾するときには、名詞の後ろに修飾語句を置くというルールがあります。このルールは一般的に「後置修飾」と呼ばれます。

▷ 「〜製の…」
This is a carpet made in Iran.
(これはイラン製のじゅうたんです。)

　これも後置修飾の例です。made in Iran（イランで作られた＝イラン製の）というひとかたまりの語句が、a carpet（じゅうたん）の直後に置かれ、修飾しています。同じ内容を、受動態の文で、**This carpet is made in Iran.**（このじゅうたんはイラン製です）と表現することもできます。

Who is that girl ~ ing?

ピアノを弾いているあの少女は誰ですか。

あなたのお母さんと話しているあの少女は誰ですか。

ステージで踊っているあの少女は誰ですか。

ベンチに座っているあの少女は誰ですか。

校門のところに立っているあの少女は誰ですか。

 This is a ~ made in ….

これは日本製の車です。

これはスイス製の腕時計です。

これはドイツ製のカメラです。

これはスウェーデン製のイスです。

これはスペイン製のギターです。

～しているあの少女は誰ですか。

Who is that girl playing the piano?

Who is that girl talking with your mother?

Who is that girl dancing on the stage?

Who is that girl sitting on the bench?

Who is that girl standing at the school gate?

これは…製の～です。

This is a car made in Japan.

This is a watch made in Switzerland.

This is a camera made in Germany.

This is a chair made in Sweden.

This is a guitar made in Spain.

Lesson
39

比較表現の原級

▷「as +形容詞または副詞+ as」

Susie is as tall as Lucy.
(スージーはルーシーと同じくらいの身長です。)

「スージーはルーシーより若い」「日本では富士山が一番高い山です」など、人と人、物と物を比べるときに使うのが比較表現です。比較表現には、程度が同じ「原級」、一方が他方に勝る「比較級」、全体の中で一番であることを表す「最上級」の3つがあります。

まずは、AとBという2人や2つの物が同程度のものであることを表す原級表現からです。A is as 〜(形容詞) as B. で、「AはBと同じくらい〜だ」という意味になります。例文の場合、形容詞の tall (背が高い)を2つの as で挟み、それをA(Susie)とB(Lucy)の間に置いています。

副詞を使う場合も2つの as で挟む形は同じで、「スージーはルーシーと同じくらい速く歩きます」は、**Susie walks as fast as Lucy.** となります。

▷「何倍か」を表す

This house is twice as big as mine.
(この家は私の家の2倍の大きさです。)

This house is as big as mine. は「この家は私の家と同じくらいの大きさです」ですが、as big as の前に「2倍」を表す twice を入れれば、「2倍の大きさ」であることを示します。「2倍」以降は「〜（数字）times」で表すことができ、「3倍」なら **three times** です。

▷原級の否定文

Tom can't run as fast as Roy.
(トムはロイほど速く走ることができません。)

例文は、Tom can run as fast as Roy.（トムはロイと同じくらい速く走ることができます）の否定文です。原級の否定文は、比較するAとBの間に not as 〜 as を置くことで、「AはBほど〜でない」という意味になります。否定文の場合、最初の as は so に換えて、**Tom can't run so fast as Roy.** とすることもできます。

203

This ~ is as … as that.

この質問はそれと同じくらい難しいです。

この問題はそれと同じくらい簡単です。

このケーキはそれと同じくらい甘いです。

この腕時計はそれと同じくらい高価です。

この小説はそれと同じくらい面白いです。

I can't ~ as well as you.

あなたほど上手に泳げません。

あなたほど上手に車を運転できません。

あなたほど上手に料理できません。

あなたほど上手に英語を話せません。

あなたほど上手にピアノを弾けません。

Lesson 39

この~はそれと同じくらい…です。

This question is as difficult as that.

This problem is as easy as that.

This cake is as sweet as that.

This watch is as expensive as that.

This novel is as interesting as that.

あなたほど上手に~できません。

I can't swim as well as you.

I can't drive as well as you.

I can't cook as well as you.

I can't speak English as well as you.

I can't play the piano as well as you.

Lesson
40

比較表現の比較級

▷ 比較級の作り方

Susie is taller than Lucy.
(スージーはルーシーよりも背が高い。)

　AとBという2人や2つの物を比べて、一方がより勝っていることを言いたいときに使うのが比較級です。「どちらが背が高いか」を言いたい場合には、形容詞の tall（背が高い）に er を付けて taller とし、比較の対象とするものの前に前置詞の than を置いて「〜より」を表します。be 動詞の文の場合、「A is 形容詞＋er than B.」の形で、「A は B より（もっと）〜だ」という意味になります。

　副詞の場合も同様に、たとえば fast（速く）に er を付けて faster とし、**Susie walks faster than Lucy.**（スージーはルーシーよりも速く歩く）のように言います。

　ただし、語尾が「子音＋y」で終わる形容詞や副詞は、y を i に変えてから er を付けます。early（早く）の比較級は earlier で、「いつもより早く」は **earlier than usual** と言います。

また、popular(人気のある)、famous(有名な)、important(大切な)、difficult(難しい)など、比較的長めの単語のときは、er を付けるのではなく、**more popular**(もっと人気のある)のように直前に **more** を付けます。

特殊な比較級も覚えておきましょう。good(よい)と well(よく)の比較級は **better**(もっとよい、もっとよく)です。many([数が]多い)と much([量が]多い)の比較級は **more**(もっと多い)です。

▷ Which +比較級

Which is larger, Kyoto or Nara?
(京都と奈良はどちらが大きいですか。)

疑問詞 which(どれ)の後に比較級を使い、2つのうちのどちらかを選択させる疑問文を作ることができます。上の例文に答えるときは、**Kyoto is.** です。

Which do you like better, tea or coffee? は「紅茶とコーヒーのどちらが好きですか」です。「コーヒーより紅茶です」なら、**I like tea better than coffee.** と答えます。

パターン練習 ① I ~ earlier/later than usual.

いつもより早く起きた。

いつもより早く帰宅した。

いつもより早く出社した。

いつもより遅く昼食を取った。

いつもより遅く退社した。

パターン練習 ② This is more ~ than that.

そっちよりこっちのほうが有名です。

そっちよりこっちのほうが大切です。

そっちよりこっちのほうが人気です。

そっちよりこっちのほうが役立ちます。

そっちよりこっちのほうが便利です。

いつもより早く／遅く〜した。

I got up earlier than usual.

I came home earlier than usual.

I got to the office earlier than usual.

I had lunch later than usual.

I left the office later than usual.

そっちよりこっちのほうが〜です。

This is more famous than that.

This is more important than that.

This is more popular than that.

This is more useful than that.

This is more convenient than that.

Which do you like better, A or B?

ビールとワインのどちらが好きですか。

犬とネコのどちらが好きですか。

チーズケーキとアップルケーキのどちらが好きですか。

ピザとハンバーガーのどちらが好きですか。

炭酸水と炭酸なしの水のどちらが好きですか。

I like A better than B.

冬より夏が好きです。

スイカよりメロンが好きです。

電子書籍より紙の本が好きです。

車より列車が好きです。

飛行機より船が好きです。

AとBのどちらが好きですか。

Which do you like better, beer or wine?

Which do you like better, dogs or cats?

Which do you like better, cheese cake or apple cake?

Which do you like better, pizza or hamburgers?

Which do you like better, sparkling or still?

BよりAが好きです。

I like summer better than winter.

I like melon better than watermelon.

I like paper books better than e-books.

I like trains better than cars.

I like ships better than airplanes.

Lesson
41

比較表現の最上級

▷最上級の作り方

Mt. Fuji is the highest mountain in Japan.
（富士山は日本で一番高い山です。）

　あるものが「一番（最も）〜だ」と言いたいときは、最上級を使います。最上級は形容詞や副詞に est を付け、基本的にはその前に the を置きます。「スージーはクラスの中で一番背が高い」は **Susie is the tallest in her class.** です。なお、比較級と同じように、語尾が「子音＋y」で終わる形容詞や副詞は、y を i に変えてから est を付けます。たとえば early（早く）の最上級は **earliest** です。ちなみに「最初の」の first や「最後の」の last の語尾の st は最上級の名残です。

　popular や famous など比較的長い形容詞や副詞の最上級は、語尾に est を付けるのではなく、**most popular**（一番人気がある）や **most famous**（一番有名な）のように **most** を直前に置きます。「富士山は日本で一番美しい山です」は、**Mt. Fuji is the** most beautiful mountain in Japan. となります。

▷ 「〜の中で」の表し方
Jack runs the fastest in his class.
(ジャックはクラスの中で一番足が速い。)

最上級を使った文で、「〜の中で」を表すには前置詞の **in** と **of** が使われます。in my family（家族の中で）、in my class（クラスの中で）、in Japan（日本で）など、特定のグループが意識される場所や範囲において、という意味では前置詞 in が使われます。of the four（4人［4つ］の中で）、of the year（1年の中で）、of all（すべての中で）など、数や数の概念を含んだ名詞のときは、前置詞の of を使います。

なお、上の例文で fastest の前には the を付けなくてもかまいません。本来、the は名詞と共に使われますが、副詞の後には名詞が続かないことからネイティブスピーカーは the があることに抵抗感を覚えるからです。**I like summer the best of the four seasons.**（四季の中で夏が一番好きです）の **best** も、副詞 well の最上級ですので、the を付けなくても OK です。

パターン練習 ① What is the ~ … in the world?

世界で一番長い川は何ですか。

世界で一番高い山は何ですか。

世界で一番大きい都市はどこですか。

世界で一番高いタワーは何ですか。

世界で一番小さい国はどこですか。

パターン練習 ② What is the ~ month of the year?

1年で一番寒い月はいつですか。

1年で一番暑い月はいつですか。

1年で一番忙しい月はいつですか。

1年で一番雨の多い月はいつですか。

1年で一番短い月はいつですか。

Lesson 41

世界で一番〜な…は何(どこ)ですか。

What is the longest river in the world?

What is the highest mountain in the world?

What is the biggest city in the world?

What is the tallest tower in the world?

What is the smallest country in the world?

1年で一番〜な月はいつですか。

What is the coldest month of the year?

What is the hottest month of the year?

What is the busiest month of the year?

What is the wettest month of the year?

What is the shortest month of the year?

What kind of ～ do you like best?

どんな種類の果物が一番好きですか。

どんな種類の動物が一番好きですか。

どんな種類のお酒が一番好きですか。

どんな種類の音楽が一番好きですか。

どんな種類の日本食が一番好きですか。

I like ～ the best.

マンゴーが一番好きです。

トラが一番好きです。

ビールが一番好きです。

クラシック音楽が一番好きです。

寿司が一番好きです。

どんな種類の〜が一番好きですか。

What kind of fruit do you like best?

What kind of animal do you like best?

What kind of alcohol do you like best?

What kind of music do you like best?

What kind of Japanese food do you like best?

〜が一番好きです。

I like mangoes the best.

I like tigers the best.

I like beer the best.

I like classical music the best.

I like sushi the best.

Lesson 42

関係代名詞 who と that

▷ 人を説明する関係代名詞の who

I have an uncle who lives in Paris.
(私にはパリに住んでいる叔父がいます。)

例文は、I have an uncle.(私には叔父がいる)と He lives in Paris.(彼はパリに住んでいる)という2つの文をひとつにまとめた表現です。I have an uncle.(私には叔父がいる)と言った後に、聞き手に「え？ 叔父さんって誰（who）？」と思わせて、「彼はパリに住んでいる（He lives in Paris.）」という情報を付け加えた形になっています。

I have an uncle. + He lives in Paris.

I have an uncle who lives in Paris.

関係代名詞によって修飾される名詞（例文では an uncle）を「先行詞」と言います。who は先行詞が「人」のときに使われる関係代名詞です。

▷ who の代わりになる that
I have an uncle that lives in Paris.
(私にはパリに住んでいる叔父がいます。)

　関係代名詞の who は that に置き換えることができます。会話では、who よりも that のほうが使用頻度は高くなります。

▷ 主語に付く関係代名詞
The woman who painted this picture is a famous artist.
(この絵を描いた女性は有名な画家です。)

　関係代名詞の who や that が主語を説明する例です。例文の基本になる文は、The woman is a famous artist.(その女性は有名な画家です)で、ここに「彼女がこの絵を描いた」(She painted this picture.)ことを付け加えています。

The woman is a famous artist. + <u>She</u> painted this picture.

The woman <u>who</u> painted this picture is a famous artist. =that

パターン練習 ① I have a friend who ～ .

ミュージシャンの友人がいます。

オーストラリア出身の友人がいます。

ロンドンに住んでいる友人がいます。

ネコをたくさん飼っている友人がいます。

中国語を話せる友人がいます。

パターン練習 ② The boy who is ～ ing … is my son.

ピアノを弾いている少年は私の息子です。

カラオケを歌っている少年は私の息子です。

テレビを見ている少年は私の息子です。

テニスをしている少年は私の息子です。

英語を話している少年は私の息子です。

Lesson 42

～である友人がいます。

I have a friend who is a musician.

I have a friend who is from Australia.

I have a friend who lives in London.

I have a friend who has a lot of cats.

I have a friend who can speak Chinese.

…を～している少年は私の息子です。

The boy who is playing the piano is my son.

The boy who is singing karaoke is my son.

The boy who is watching TV is my son.

The boy who is playing tennis is my son.

The boy who is speaking English is my son.

Lesson 43

関係代名詞 which と that

▷ 先行詞が「人」以外のときは which を使う

This is a picture which was painted by Monet.
(これはモネによって描かれた絵です。)

例文は、This is a picture.（これは絵です）と、It was painted by Monet.（それはモネによって描かれた）という２つの文をひとつにまとめた表現です。関係代名詞の which は先行詞が「人」以外のときに使われますが、関係代名詞の who と同様に、**that** に置き換えることができます。会話では that のほうが使用頻度が高くなります。

This is a picture. + It was painted by Monet.

This is a picture which was painted by Monet.
=that

Lesson 43

▷ 目的格の関係代名詞

The camera he uses is very expensive.
(彼が使っているカメラはとても高価です。)

例文は、The camera is very expensive.（そのカメラはとても高価です）と、He uses it.（彼はそれを使っています）という２つの文をひとつにまとめた表現です。「そのカメラは」と言ってから、関係代名詞の **which** や **that** でつなげて「彼が使っている（そのスマホは）」と説明を加えていますが、目的格の関係代名詞は省略するのが普通です。

The camera is very expensive. ＋ He uses it.

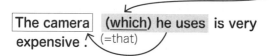

また、which は先行詞が人以外（物や動物など）のときにしか使えませんが、that は先行詞が人のときにも使うことができます。「私がパーティーで会った男性はあなたの友人でした」は、**The man (that) I met at the party was your friend.** です。

223

This is a book that 〜.

これは彼の人生を変えた本です。

これは彼女を有名にした本です。

これは日本文化を紹介している本です。

これは50年前に出版された本です。

これは子どもたちのために書かれた本です。

This is a 〜 which ….

これはこの街で有名なレストランです。

これはこの国で人気のあるスポーツです。

これはビタミンが豊富な野菜です。

これは長い歴史を持つ寺です。

これは300年前に建てられた城です。

これは〜した(している)本です。

This is a book that changed his life.

This is a book that made her famous.

This is a book that introduces Japanese culture.

This is a book that was published 50 years ago.

This is a book that was written for kids.

これは…である〜です。

This is a restaurant which is famous in this town.

This is a sport which is popular in this country.

This is a vegetable which is rich in vitamins.

This is a temple which has a long history.

This is a castle which was built 300 years ago.

This is the ~ I ….

これは私が推薦する本です。

これは私が家で使っている辞書です。

これは私が焼いたケーキです。

これは私がドイツで買ったカメラです。

これは私が去年書いた本です。

He is the ~ I like the best.

彼は私が一番好きな歌手です。

彼は私が一番好きな先生です。

彼は私が一番好きな小説家です。

彼は私が一番好きな画家です。

彼は私が一番好きな俳優です。

これは私が…する(した)〜です。

This is the book I recommend.

This is the dictionary I use at home.

This is the cake I baked.

This is the camera I bought in Germany.

This is the book I wrote last year.

彼は私が一番好きな〜です。

He is the singer I like the best.

He is the teacher I like the best.

He is the novelist I like the best.

He is the painter I like the best.

He is the actor I like the best.

Lesson 44

仮定法の考え方と使い方

▷「〜であればなあ」を伝える

I wish I were young.
（若ければなあ。）

I am young.（私は若いです）の過去形は I was young.（私は若かった）ですが、この過去形の文は裏を返せば、「現在の私は若くない」ことを暗示しています。仮定法では、現実とは隔たりのある I was young. という文が、「叶わぬ願い」を表す動詞の wish（〜であればいいと思う）と結びつくことで、現在の事実に反する仮定や願望、残念な気持ち、つまり「今、若かったらなあ」ということを伝えています。このように、過去形を使って現在の事実に反することを伝えるのが仮定法です。仮定法では主語の人称に関係なく、be 動詞は常に were が使われるのが原則でしたが、現代英語では単数の場合は was も使われるようになっています。I wish I were young. は、**I wish I was young.** と言うこともできます。

▷「I wish +助動詞の過去形」
I wish I could fly.
(空を飛べたらなあ。)

I wish の後に、could（〜できた）のような助動詞の過去形を続けることもできます。

▷ if を使った仮定法
If I had money, I would travel abroad.
(お金があれば、海外旅行に行くのに。)

仮定法を使っていない、If I have money, I'll travel abroad. という文では、「お金があれば、海外に行きます」と、十分起こりうることが条件付きで表されています。一方、例文は、お金がないという事実を前提として、現実にはありえないことを表現しています。

「If + S + 過去形 , S + would/could + 動詞の原形」で、「もし〜なら、…するのに／できるのに」という意味を表します。この前半を If I were you（もし私があなただったら→私だったら）とした文は、相手にアドバイスを与えるときによく使われます。**If I were you, I'd go to the party.** は「私だったらそのパーティーに行くでしょう」という意味です。I'd は I would の短縮形です。

I wish I ~.

鳥だったらなあ。

20歳若かったらなあ。

もう少し背が高かったらなあ。

兄弟がいたらなあ。

車があったらなあ。

I wish I could ~.

あなたのもとへ飛んでいけたらなあ。

英語を話せたらなあ。

大きな家に住めたらなあ。

彼女と結婚できたらなあ。

世界旅行ができたらなあ。

〜だったらなあ。

I wish I were a bird.

I wish I were 20 years younger.

I wish I were a little taller.

I wish I had a brother.

I wish I had a car.

〜できたらなあ。

I wish I could fly to you.

I wish I could speak English.

I wish I could live in a big house.

I wish I could marry her.

I wish I could travel around the world.

If I were you, I'd ～.

私だったらその申し出は受けるでしょう。

私だったらそのお金は貯めるでしょう。

私だったら医者に診てもらうでしょう。

私だったら一日休みを取るでしょう。

私だったら彼を許すでしょう。

私だったら京都を訪れるでしょう。

私だったら空港までタクシーに乗るでしょう。

私だったら彼女に謝るでしょう。

私だったら彼をデートに誘うでしょう。

私だったら先生に助けを求めるでしょう。

Lesson 44

私だったら～するでしょう。

If I were you, I'd accept the offer.

If I were you, I'd save the money.

If I were you, I'd go to see a doctor.

If I were you, I'd take a day off.

If I were you, I'd forgive him.

If I were you, I'd visit Kyoto.

If I were you, I'd take a taxi to the airport.

If I were you, I'd apologize to her.

If I were you, I'd ask him out.

If I were you, I'd ask the teacher for help.

Lesson 45

丁寧に伝える 助動詞の過去形

▷ can の過去形 could を使った表現

Could you open the window?
（窓を開けていただけますか。）

過去形は「現在との距離」＝「時間的な遠さ」を表すのが基本ですが、その他に「相手との距離」＝「相手からの遠さ」を表すこともあります。相手との間に心理的距離を置くことで、控えめな気持ちを伝えているのが、could など助動詞の過去形で表した文です。助動詞の過去形で尋ねると丁寧なニュアンスを伝えると言われる所以がここにあります。Could you ～? で、「～していただけますか」という丁寧な依頼の表現になります。

逆に言えば、気が置けない親しい仲間同士では現在形のほうが自然で、心理的距離を置く助動詞の過去形を使うと、よそよそしさを感じさせる不自然な表現になってしまいます。その場合は can を使って、**Can you open the window?**（窓を開けてくれる？）と言うほうが自然です（119 ページ参照）。

また、Could I ～? とすると、「(私は) ～すること

ができるでしょうか」と丁寧に許可を求める表現になります。

▷ will の過去形 would を使った表現
I'd like to cancel the reservation.
（予約をキャンセルしたいのですが。）

　I'd like to 〜（動詞の原形）. は、I would like to 〜 . の短縮形で、「もしできれば〜したいのですが」という丁寧な願望の表現です。would は助動詞 will の過去形で、could と同じく相手との距離を保ち、表現が丁寧になります。I want to 〜 . だと「〜したい」という直接的な欲求を表すのに対して、I'd like to 〜 . は「もしできれば〜したいのですが」というニュアンスです。

　お店で何かを注文するときには、I want 〜 . （〜が欲しい）ではなく、I'd like 〜 . （〜をください）を使うのが一般的です。文尾に please を付けて、**I'd like a hamburger, please.**（ハンバーガーひとつお願いします）のように言えば、より丁寧です。

　また、would like to を疑問文で使って、**Would you like to come with me?** とすれば、「私と一緒に来たいですか」から、「ご一緒しませんか」という丁寧な勧誘表現になります。

Could you ～?

ドアを閉めていただけますか。

駅までの道を教えていただけますか。

この食べ方を教えていただけますか。

タクシーを呼んでいただけますか。

私に書類を送っていただけますか。

 Could I ～?

お願いしてもよろしいでしょうか。

あなたのカメラをお借りしてもよろしいでしょうか。

メニューを見せていただいてもよろしいでしょうか。

コーヒーをもう一杯いただいてもよろしいでしょうか。

窓側の席をお願いしてもよろしいでしょうか。

～していただけますか。

Could you close the door?

Could you tell me the way to the station?

Could you show me how to eat this?

Could you call a taxi?

Could you send me the document?

～してもよろしいでしょうか。

Could I ask you a favor?

Could I borrow your camera?

Could I see the menu?

Could I have one more coffee?

Could I have a window seat?

I'd like to 〜.

今晩のテーブルの予約をしたいのですが。

トイレをお借りしたいのですが。

いくつか質問をしたいのですが。

部屋を替えてもらいたいのですが。

これを日本へ送りたいのですが。

I'd like 〜, please.

これを1つお願いします。

コーヒー1杯お願いします。

お水をお願いします。

今日のスペシャルをお願いします。

お勘定をお願いします。

～したいのですが。

I'd like to reserve a table for tonight.

I'd like to use the restroom.

I'd like to ask you some questions.

I'd like to change my room.

I'd like to send this to Japan.

～をお願いします。

I'd like this one, please.

I'd like a coffee, please.

I'd like some water, please.

I'd like today's special, please.

I'd like the check, please.

Lesson
46

間接疑問文の作り方

▶ know の間接疑問文

I don't know where she lives.
（彼女がどこに住んでいるのか知りません。）

　疑問詞を使った疑問文が文の一部として組み込まれたものを、「間接疑問文」と言います。例文は、I don't know.（私は知りません）の後に、Where does she live?（彼女はどこに住んでいますか）という疑問文が組み込まれています。I don't know と言った時点で疑問文ではなくなるために、whereの後は「主語＋動詞」の語順に変える必要があります。つまり間接疑問文には、「疑問詞＋主語(S)＋動詞(V)」という形が組み込まれています。

　ただし、疑問詞が主語になることができる who（誰が）や what（何が）の場合は、「疑問詞＋動詞（V）」の語順にもなります。たとえば、I don't know の後に Who is coming to the party?（誰がそのパーティーに来ますか）という疑問文を組み込むと、**I don't know who is coming to the party.**（誰がそのパーティーに来るか知りません）となります。同様に、

what を使った What's happening?（何が起こっているのですか）を Do you know 〜?（〜を知っていますか）に組み込む場合は、**Do you know what's happening?**（何が起こっているか知っていますか）です。

▷ think の間接疑問文

Where do you think she lives?
（彼女はどこに住んでいると思いますか。）

今度は Do you think 〜?（〜だと思いますか）に Where does she live?（彼女はどこに住んでいますか）を組み込んだ間接疑問文です。この場合、上で取り上げた Do you know what's happening? とは違って、「彼女が住んでいる場所がどこであるか」という具体的な情報を求める疑問文なので、疑問詞の Where を文頭に置き、Where do you think she lives? とします。言うときは、文尾のイントネーションを下げます。

Yes か No で答えられる疑問文は Do や Does で始まり、具体的な情報を求める疑問文は疑問詞で始まる、というのが基本的な考え方です。

Do you know + 疑問詞 ~ ?

彼がどこの出身か知っていますか。

彼がいつ日本に来るか知っていますか。

彼がなんで怒っているか知っていますか。

日本の総理大臣が誰だか知っていますか。

彼の身長がどれくらいか知っていますか。

~(疑問詞) do you think I am (…)?

私はどこにいると思いますか。

私は誰だと思いますか。

私は何をしていると思いますか。

私はなんで怒っていると思いますか。

私は何歳だと思いますか。

〜か知っていますか。

Do you know where he is from?

Do you know when he will come to Japan?

Do you know why he is angry?

Do you know who is the prime minister of Japan?

Do you know how tall he is?

私は〜だと思いますか。

Where do you think I am?

Who do you think I am?

What do you think I am doing?

Why do you think I am angry?

How old do you think I am?

▷基数と序数

	基数	序数
1	one	first
2	two	second
3	three	third
4	four	fourth
5	five	fifth
6	six	sixth
7	seven	seventh
8	eight	eighth
9	nine	ninth
10	ten	tenth
11	eleven	eleventh
12	twelve	twelfth
13	thirteen	thirteenth
14	fourteen	fourteenth
15	fifteen	fifteenth

	基数	序数
16	sixteen	sixteenth
17	seventeen	seventeenth
18	eighteen	eighteenth
19	nineteen	nineteenth
20	twenty	twentieth
21	twenty-one	twenty-first
22	twenty-two	twenty-second
23	twenty-three	twenty-third
24	twenty-four	twenty-fourth
25	twenty-five	twenty-fifth
26	twenty-six	twenty-sixth
27	twenty-seven	twenty-seventh
28	twenty-eight	twenty-eighth
29	twenty-nine	twenty-ninth
30	thirty	thirtieth

	基数	序数
40	forty	fortieth
50	fifty	fiftieth
60	sixty	sixtieth
70	seventy	seventieth
80	eighty	eightieth
90	ninety	ninetieth
100	one hundred	one hundredth
101	one hundred (and) one	one hundred (and) first
1,000	one thousand	one thousandth
1,000,000	one million	one millionth

＊基数は数量、序数は順序を表す。

▷月

1月	January	2月	February
3月	March	4月	April
5月	May	6月	June
7月	July	8月	August
9月	September	10月	October
11月	November	12月	December

*「1月に」はin January。
*「1月1日に」はon January 1。
　January 1は、January firstと序数で読む。

▷曜日

日曜日	Sunday	月曜日	Monday
火曜日	Tuesday	水曜日	Wednesday
木曜日	Thursday	金曜日	Friday
土曜日	Saturday		

*「日曜日に」はon Sunday。

▷不規則動詞活用表

原形	過去形	過去分詞形
A - B - C型		
be (〜である)	was / were	been
begin (始める、始まる)	began	begun
break (〜を壊す)	broke	broken
choose (〜を選ぶ)	chose	chosen
do (をする)	did	done
draw (描く)	drew	drawn
drink (〜を飲む)	drank	drunk
drive (〜を運転する)	drove	drive
eat (〜を食べる、食事をする)	ate	eaten
fall (落ちる)	fell	fallen
fly (飛ぶ)	flew	flown

原形	過去形	過去分詞形
forget (〜を忘れる)	forgot	forgotten
give (〜を与える)	gave	given
go (行く)	went	gone
grow (成長する、〜を育てる)	grew	grown
know (〜を知っている)	knew	known
ride (〜に乗る)	rode	ridden
rise (上がる、のぼる)	rose	risen
see (〜を見る、見える)	saw	seen
show (〜を見せる)	showed	shown
sing (〜を歌う、歌う)	sang	sung
speak (〜を話す、話す)	spoke	spoken

原形	過去形	過去分詞形
steal（〜を盗む）	stole	stolen
swim（泳ぐ）	swam	swum
take（〜を持っていく）	took	taken
throw（〜を投げる）	threw	thrown
wear（〜を着ている）	wore	worn
write（〜を書く、手紙を書く）	wrote	written

A - B - B型		
bring（〜を持ってくる）	brought	brought
build（〜を建てる）	built	built
buy（〜を買う）	bought	bought
catch（〜を捕まえる）	caught	caught

原形	過去形	過去分詞形
feel（感じる）	felt	felt
find（〜を見つける）	found	found
get（〜を得る）	got	got / gotten
have（〜を持っている）	had	had
hear（〜が聞こえる、〜を聞く）	heard	heard
hold（〜を持つ、〜をかかえる）	held	held
keep（〜を保つ）	kept	kept
lead（〜を導く、至る）	led	led
leave（〜を出発する、〜を残す）	left	left
lend（〜を貸す）	lent	lent
lose（〜を失う）	lost	lost

原形	過去形	過去分詞形
make（〜を作る）	made	made
mean（〜を意味する）	meant	meant
meet（〜に会う）	met	met
pay（〜を支払う）	paid	paid
say（〜と言う）	said	said
sell（〜を売る）	sold	sold
send（〜を送る）	sent	sent
sit（座る）	sat	sat
shoot（〜を打つ）	shot	shot
sleep（眠る）	slept	slept
spend（〜を過ごす）	spent	spent
stand（立つ、立っている）	stood	stood

原形	過去形	過去分詞形
teach (〜を教える、教える)	taught	taught
tell (〜を話す、〜を教える)	told	told
think (〜と思う)	thought	thought
understand (〜を理解する)	understood	understood
win (〜に勝つ)	won	won

A - B - A型		
become (〜になる)	became	become
come (来る)	came	come
run (走る)	ran	run

原形	過去形	過去分詞形
A - A - A型		
cut（〜を切る）	cut	cut
hit（〜を打つ）	hit	hit
hurt（〜を傷つける）	hurt	hurt
let（〜させる、許可する）	let	let
put（〜を置く）	put	put
read（〜を読む、読書する）	read	read
set（〜を設置する）	set	set
shut（〜を閉める）	shut	shut

本書は成美文庫のために書き下ろされたものです。

成美文庫

パターンで攻略! 中学英語「1秒」レッスン

著 者 清水建二
　　　　しみずけんじ
発行者 深見公子
発行所 成美堂出版
　　　〒162-8445　東京都新宿区新小川町1-7
　　　電話(03)5206-8151　FAX(03)5206-8159
印 刷 広研印刷株式会社

©Shimizu Kenji 2025　PRINTED IN JAPAN
ISBN978-4-415-40271-0
落丁・乱丁などの不良本はお取り替えします
定価はカバーに表示してあります

• 本書および本書の付属物を無断で複写、複製(コピー)、引用することは著作権法上での例外を除き禁じられています。また代行業者等の第三者に依頼してスキャンやデジタル化することは、たとえ個人や家庭内の利用であっても一切認められておりません。